QING PING GUO CONG SHU

青苹果丛书

知识阅读

ZHISHI YUEDU

顾萍 ◎ 主编

企业管理出版社
ENTERPRISE MANAGEMENT PUBLISHING HOUSE

图书在版编目（CIP）数据

知识阅读/顾萍主编 . —北京：企业管理出版社，
2013.8

（青苹果丛书）

ISBN 978 - 7 - 5164 - 0451 - 5

Ⅰ.①知…　Ⅱ.①顾…　Ⅲ.①中华文化 – 少年读物
Ⅳ.①K203 – 49

中国版本图书馆 CIP 数据核字（2013）第 176891 号

书　　名：青苹果丛书——知识阅读
作　　者：顾　萍　主编
责任编辑：钱　丽　徐新欣
丛书策划：闫书会
书　　号：ISBN 978 - 7 - 5164 - 0451 - 5
出版发行：企业管理出版社
地　　址：北京市海淀区紫竹院南路 17 号　邮编：100048
网　　址：http：//www. emph. cn
电　　话：总编室（010）67801719　发行部（010）68414644
　　　　　 编辑部（010）68416775
电子信箱：80147@ sina. com　zbs@ emph. cn
印　　刷：北京昌平新兴胶印厂
经　　销：新华书店
规　　格：787 × 1092 毫米　　1/16
印　　张：11.5
字　　数：160 千字
版　　次：2013 年 8 月第 1 版　2013 年 8 月第 1 次印刷
定　　价：25.00 元

前　言

苏联著名教育家苏霍姆林斯曾说过："让学生变聪明的办法，不是补课，不是增加作业量，而是阅读、阅读、再阅读。"面对浩瀚知识海洋，我们撷取最基础知识，呈现给广大青少年朋友，尤其是农村少年儿童。"青苹果丛书"是专门为农村少年儿童选编的一套系统的知识性读物。

随着我国城镇化进程的加速，农村传统的二元社会结构正在解体。我国农村大批劳动力外出务工，在广大农村随之产生了一个特殊的未成年人群体——留守儿童。据中央电视台 2013 年特别报道，我国农村留守儿童超 6000 万，每 5 名儿童就有一名留守儿童。同时，在城市中也有一大批农民工子弟，因来自农村，很难得到与城里孩子同样的义务教育，他们的学习教育同样令人堪忧。这类的家庭教育主要表现为：单亲式、隔代式、委托式及兄长式四种方式，留守儿童基本缺失父母亲对其在衣、食、住、行、安全等方面的能力调教，也缺少爱好、审美、人格、品格及情感等方面的亲情教育，特别是缺失了对父母的心理归属和依恋。

从学校教育分析，由于缺乏正常的家庭基本教育、心理素质教育、道德品质教育和身体发育教育，留守儿童的学习成绩都不理想，大多数留守儿童的成绩都处于中等偏下。也许是缺失和不足，相对于有父母亲在家的儿童而言，留守儿童更加渴望知识、渴望阅读、渴望外边的世界。令人遗憾的是，由于种种原因，他们对外界的了解更多的是看电视、玩电子游戏。

为了弥补农村少年儿童特别是"留守儿童"在家庭教育上的缺

憾，我们精选中外经典阅读篇目，编辑出版了"青苹果丛书"。其目的一是让那些远离父母的孩子通过阅读了解历史，感受文化，增加积淀，陶冶情操；二是开拓视野，通过这些短小精致的篇章，丰富课外生活，提高思维能力，在阅读中登上知识的殿堂，博览古今，感受中外文化经典的奇光异彩。

从编辑内容来看，它们分别为历史、文化、科技、艺术、天文地理、气候环境、工农业生产等多个学科。按照学科的安排，初步分为《古典文学阅读》、《趣味阅读》、《故事阅读》、《科技阅读》、《百科阅读》、《乡村阅读》等二十多个分册，针对适龄儿童阅读的特点，在阅读篇幅的编辑上我们力求短小精悍、通俗易懂。与孩子们在课堂上阅读的教科书相比，本套丛书还是一套相当出色的课外辅导读物，每一个分册都生动、形象、有趣、绚丽。力求融入了新的阅读模式，书中知识点简明易懂、自成体系，更容易被农村的孩子们接受。

崇尚经典，注重传统，寓教于乐真正贯穿其中是丛书的一个亮点。少年儿童求知欲强，通过阅读让他们知晓更多的社会发展和科技进步方面的知识，这有助于开拓创新思维，培养创新意识，提高农村少年儿童的科学文化素质；全套丛书叙述生动，文字简洁，以知识性为切入点。考虑农村社会转型时期的环境条件，重视知识的准确和生动，引导农村少年儿童在平时的阅读中了解更多的科学文化和历史知识，也有助于提升他们的读写能力。

美国教育家海伦·凯勒说："一本书像一艘船，带领我们从狭隘的地方驶向无限广阔的海洋。"愿这套丛书能给农村少年儿童带来亲情和快乐，青苹果，青涩而有味道，让他们在品读中体会其中的甜美，伴随他们成长。

编　者

2013 年 6 月 1 日

目录

第一章 文 化

第二章　历　　史

第三章　地　理

第四章　动　　物

第一章

文 化

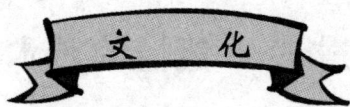

    中国文化历史悠久，具有强大的生命力和凝聚力。其基本精神是天人合一，以人为本；其价值系统强调真、善、美统一，以善为核心。

电影——遗憾的艺术

经常听到一些从事电影创作的人感慨"电影是一门遗憾的艺术"。他们说,拍电影时的感觉往往与银幕上放映出来的效果相差很大,有时真恨不得重新补拍,但又不可能,故只有期望在下一部影片中改进。这种想实现某种愿望而不能实现的心情比较普遍地存在着,看来不是没有道理的。因为电影在拍摄时无法看到拍下来的镜头,导演凭自己的艺术感受来决定拍一条或是几条。停机后,在洗印车间冲出样片,翻印成拷贝,公开放映后其优劣才被观众认识或发现,创作者欲修改但已无可能。这是因为电影不像戏剧或其他艺术可以反复修改、反复演出,而是一次完成的。

遗憾的艺术是电影的特征之一,这体现在导演、演员、摄影、录音、美工、作曲、剪辑、照明、化妆、置景、服装、道具等各个方面,稍有一处不慎,便会影响其他处,从而破坏整部影片的审美统一性。不是经常听到观众对电影的批评吗?大则主题不真实,情节瞎编乱造,漏洞百出;小则道具不符,台词说错。观众倘若发现了一点,就会觉得片子虚假,影片也就失去了它应有的艺术吸引力和艺术感染力。

面对这种情形,有少数创作者存在一种侥幸心情,寄希望于不被观众发觉,抱得过且过的态度。殊不知观众看片是十分挑剔的,哪怕是十分细小的错误也会发觉,存于心,诉于口,流露出对电影艺术的爱护和关心,并不是故意与谁过不去。值得欣喜的是,大多数创作者对待遗憾之处能够采取下不为例的态度,尽管电影不像戏剧那样可以反复修改,精益求精,但它可以像戏剧一样使一部作品显示水平。有的人初次投入创作就出手不凡，如影坛怪杰张艺谋第一次演戏即获最佳男主角，第一次导演的影片即获国际大奖。说明他有为艺术献身的勇气和吃苦精神。还有的人如电影演员顾也鲁，第一次演《梁山伯与祝英台》任主角，发现自己话剧腔太浓，十分沮丧。但他此后在电影创作中逐渐克服了自己的毛病。可见，电影艺术中的遗憾是存在的，但要减少遗憾却是可以做得到的。

敦煌壁画中的飞天

　　敦煌壁画是一种佛教艺术，其内容主要是根据佛经绘制的。它运用绘画故事的形式来宣扬舍己救人的崇高品格、佛的苦行和佛的法力。因此释迦牟尼、文殊菩萨、普贤菩萨等诸佛常常成为壁画中的主像。但是，除了这些主像之外，人们在观赏敦煌壁画时总会看到许多"飞天"。她们那婀娜的身姿，飘逸的动态给人都留下了美好的印象。那么，为什么在敦煌壁画中，"飞天"有这么多呢？

　　"飞天"，梵文的名字叫犍达婆，又名香音神，在佛经中称为"天人"。传说她们上身袒露，食的是香品，发出的声音非常悦耳。当佛行事或说法时，她们便飞翔于佛的周围以护持佛赴会，或供佛差遣。莫高窟 275 窟南北朝时的壁画《快目王眼施缘品》和 254 窟北魏时期的壁画《尸毗王救鸽命缘起》，分别描绘了快目王、尸毗王的故事。他们为满足别人的意愿甘愿把自己的眼睛送给别人，将自己的身体喂鹰，以至于感动了天神。结果快目王的眼眶里长出更加明亮、更加美丽的眼睛，尸毗王的身材也恢复原状。画面上飞天挥舞着彩虹一样的飘带，从天而降，撒下了五彩缤纷的香花。在这里可见飞天是象征自由快乐的天神。飞天有时两手还拿着表示吉祥的莲花和荷叶。在北魏的释迦牟尼说法图中，还可见到一些手持乐器的飞天。她们或吹笛、吹笙，或弹琵琶、击羯鼓，为释迦牟尼说法奏乐，称为伎乐飞天。

　　飞天的形象来源于古希腊、古罗马神话中的天使及印度犍陀罗艺术和笈多王朝的佛教艺术。她们最初在我国汉代壁画上出现时，肩上还曾长有双翅，表示可以在天空中飞翔。后来，在敦煌壁画中，即使是年代最早的北魏时期壁画，飞天肩上的双翅已经消失，代之以飘带的飞舞来表示飞翔。北魏的飞天常作 V 字形的飞翔姿态，以腰部为弯曲点，上身与下身均向上翘起，双足基本上与头部等高。在绘画风格上已开始融入了汉代以来艺术的传统。隋朝时的飞天，开始将身体的弯曲点由腰部移到了胸部，腿部向上倾斜，双足高出头部，有一种从空中降下的感觉，飘带明显地被加长了，而且增多了转折，加强了飞翔的气氛。飞天的造型到唐代已日臻成熟。她们个个体态丰满，一副典型的唐代美女的风度，身披的飘带舒卷自如，仿佛自天蜿蜒而下，显得格外的悠然自得。飞天身旁衬以流云落花，更增强了动感。绘画线条较粗壮而又活泼流畅，色彩金碧辉煌。宋代的飞天，用笔转入细致，头冠和脚间的装饰华丽高贵。但面目严谨，不及唐代的热情。

由于飞天象征着自由、快乐、吉祥、幸福，形象又是如此的优美动人，所以古代的画家们最喜欢画她们。画家们不但把飞天画在佛像的周围，而且还画在龛楣的上端、龛顶的转角，甚至只要有空余的地方就画上她们。因此，敦煌有"无壁不飞天"之说。

《富春山居图》是怎么变成两截的

清朝初年的一天，在江南的一个富绅之家，此刻正陷入一片混乱和惊慌之中。一个面目枯槁的干瘦老头儿僵直地躺在床上。床前，围聚着众多的家眷和仆人，他叫吴洪裕，是个著名的收藏家。只见他喘息了一会儿后，撑开眼皮，慢慢转动着浑浊的眼珠，注视着站在他床前的一个中年男子，蠕动着嘴唇："……快把我的两件宝……宝贝拿来。"

那个男子是吴洪裕的侄子，叫吴静庵。他知道在叔叔众多的收藏品中有两件是最珍贵的：一件是隋初杰出的书法家智永和尚的书法真迹《真草千字文》，另一件是元代山水画家黄公望的名画《富春山居图》。过了一会儿，吴静庵把那两件宝贝捧到了床前。吴洪裕的眼中放出了一丝回光返照的光亮，他喘着粗气，挣扎着说："给……给我烧了它们。"

"不！叔叔，不能烧！它们是稀世珍宝呵！"吴静庵的眼中噙着泪花。

"烧！……"吴洪裕断断续续地说，"烧了它们……我可以继续在……在阴间独自受……用。"

过了片刻，一盆炭火被端到了吴洪裕的床前。他的侄子泪流满面地把《真草千字文》投入了火中。熊熊的火舌立即把那幅稀世珍宝吞噬了。

"烧……烧……"吴洪裕的脸上显出了满意的神色，双眼渐渐合拢了。

当吴静庵无奈地把第二件宝贝《富春山居图》慢慢投入火中时，

发现叔叔已断气了。他实在不忍心让这幅稀世名画再被烧毁，就急忙又从火中把它抢了出来。可惜这幅一尺多高、二丈多长的长卷巨画，中间一段已经着火烧坏。火灭之后，不得不把烧坏部分裁去，遂使长卷分成两段。较长的后一段原藏清宫，现存台湾；较短的前一段，在"8·13"抗战后，由著名画家吴湖帆收藏，如今为浙江博物馆收购珍藏。

那么《富春山居图》为什么会受到吴洪裕如此珍爱呢？

原来《富春山居图》的作者黄公望（1269～1354）是元代首屈一指的大画家，与王蒙、倪瓒、吴镇三位合称为"元四家"。他本名陆坚，出生于江苏常熟，八九岁时父母双亡，无依无靠，被浙江永嘉黄姓收养为义子。当时继父已经90多岁，没有儿子，见陆坚眉清目秀，十分高兴，感叹道："黄公望子久矣！"因此便给他起名黄公望，字子久。

黄公望聪慧好学，工诗能文。40岁左右，随浙江廉访使徐琰去北京，因得罪权贵，遭受迫害，坐了几年监狱。出狱后深感元朝政治腐败，便隐居在常熟，以卜卦算命为生。他经常游览虞山等大自然美好风光，决心拿起画笔用图画来抒发对祖国河山热爱的感情。他学习王维、董源、巨然等大画家的笔法，融会贯通各家之长，依据自己对虞山十多年的观察、感受而进行创作。70岁时到杭州，画了不少山水画。79岁时到富春江一带游览。他非常钟爱当地景色，其时心情也十分开朗。他经常带了纸笔对着好风景写生，同时开始了他一生最得意的作品《富春山居图》长卷的创作。他不顾自己八旬高龄，前后用7年时间，不断写生观察，苦心构思，终于把富春江一带最佳妙的初秋景致画了出来。画中的树林、村落、平坡、亭台、渔舟、小桥，还有深远处的飞泉、茂林、峰峦坡石，无不生动灵秀地显现于纸上。清代大画家王原祁形容黄公望的画《富春山居图》是"神与心会，心与气会"。也就是说黄公望的这幅画已达到了国画创作的最佳艺术境界。正因为黄公望的《富春山居图》有如此高的艺术价值，故而吴洪裕临死前，还舍不得放弃它，要把它烧化掉带到"阴间"去。

观音像如何由男相变成了女相

观音，原名观世音，是佛教中阿弥陀佛的左胁侍菩萨，无性。《悲华经》上说，观音原来是转轮王的儿子。他曾与父亲一起跟随释迦牟尼出家修道，发誓"要排除众生一切苦恼。苦难众生，只要一心念我的名字，我就能即时观其声音，帮他脱离苦海"。释迦牟尼为他的决心所感动，亲自为他授记："善男子，你要拯救三恶道一切众生，断除众生烦恼，使他们往生乐土。善男子！我就给你取名'观世音'。"

据说观世音最初的艺术原型是古印度婆罗门教中一对可爱的孪生小马驹，所以又叫"双马童神"。佛教诞生后，其艺术形象变为一匹小马驹，名称"马头观世音"，为一慈眉善目的菩萨。后来它又被人格化，表现为威猛的男相形象。从印度传入我国后，在一段时期内依然是男相，如河北平泉出土的北魏太和年间的铜铸观世音菩萨立像，形象粗犷威武，衣饰朴素。但是后来他为什么变成了女相呢？

一种说法是唐太宗李世民做了皇帝后，真龙天子独一无二，观世音的形象便由男相改变为女相了。又说因其名字中的"世"字与皇帝名字相同，避讳而删去，就改称为观音。另一种观点认为，观世音像的变相更多地取决于当时人们审美的爱好。按照佛教说法，观世音菩萨有32种应变化身，其中即有一些女身。观世音为说法需要，可以变换性别和身份。因此在南北朝时，人们已开始把他们所喜爱的女性美赋予了心目中敬仰的观世音菩萨，女相观音便逐渐出现在寺庙之中。到了唐代，女性在社会上的地位日益提高，艺术家把对女性的爱恋之情移植到了观音雕像上，观音像从此固定为体态婀娜、神态妩媚、服饰华丽，富有风韵的女相形象了。观音通常脚踏莲花座，左手拿着净瓶，右手持着柳枝，面露微笑，似乎正在把瓶中的甘露洒向人间，把幸福带给人类。

在我国古代雕塑艺术中，有许多优美的观音像。雕塑家用高超的手段雕造出柔软的衣衫下遮盖着的光滑肌肤，表现出了女性形体的丰腴和柔美，同时又刻画出观音庄重、慈祥的仪态，使人感到可敬可爱。其中以四川大足北山 125 号窟的宋代"数珠观音石雕像"最为杰出，被美誉为"东方维纳斯"。

文 化

国歌的故事

国歌是代表一个国家民族精神的歌曲。在重大的集会、国际间的交往仪式和国际体育比赛中，通常都要演奏或演唱国歌。

世界上最早出现国歌的是荷兰。1568 年，荷兰人民为反抗西班牙统治者的奴役与压迫，高唱《威廉·凡·拿骚进行曲》冲向敌人，并取得最后胜利。荷兰人民对这首代表民族精神的歌曲无比热爱。后来，这首曲子成为荷兰的国歌。自此之后，许多国家也群起仿效，制定出自己国家的国歌。

世界各国的国歌是多种多样的。有的是本国民族斗争的产物，有的是和平时代的颂歌，有的描绘自己国家的自然风光和地理环境，有的则叙说国家悠久的历史。英国国歌《上帝保佑女王》，歌词出自圣经；法国国歌原名《莱茵河军团战歌》，1792 年，革命士兵马赛一团高唱这首战歌进军巴黎，因而取名《马赛曲》，1795 年被法国革命政府定为国歌；美国国歌《星条旗永不落》，采用的是《安纳克利翁在天宫》一曲的旋律。

中国的国歌《义勇军进行曲》，原是作曲家聂耳为影片《风云儿女》创作的主题歌，表现了中国人民高举铁拳和刀枪，向侵略者进行斗争的英雄气概。1949 年，经中国人民政治协商会议通过，把《义勇军进行曲》作为代国歌。1978 年，第五届全国人民代表大会第一次会议通过，确定它为"中华人民共和国国歌"。

文 化

国画"明四家"是谁

"明四家"是指继承"元四家"的传统，在绘画上有很高造诣的四位明朝画家：沈周、文征明、唐寅和仇英。他们都是"吴门画派"的代表人物。

沈周（1427~1509）江苏吴县人，出身于书画世家，具有多方面的艺术才能，善画山水人物，长卷《沧州趣图》是他晚年的杰作。用浓焦墨加的苔点是沈周画的最大特点。在完成全画之前，用苔点点在轮廓线上和轮廓线内，有的甚至点在离轮廓线很远的地方，使山林结构层次愈加分明，苍苍茫茫的点子把画面连成一个整体。

文征明（1470~1559）长洲（今苏州）人，画家兼诗人。能画人物、花鸟、山水，以细笔画山水的作品最佳。《兰亭修禊图》是细笔山水的典型作品，内容是东晋王羲之等四十一人在浙江绍兴兰亭聚会做诗的欢乐情景。以兼工带写的手法作青绿山水，用笔严谨精到，一丝不苟，树、竹虽工细，但不刻板，彼岸山峦皴擦简练。全画有装饰趣味，充分发挥了吴门画家善画庭院、田园小景的特色。

唐寅（1470~1524）也就是唐伯虎，苏州人，才艺过人，不论山水、人物、花鸟都有卓越成就。《骑驴思归图》是他的杰作之一。画的主体是一座大山，左侧有一垂直瀑布入洞，流到山下，右半部有一个骑驴人行于山中小径。山体用笔细而柔和，用墨也轻淡柔和，虽有宋人画中的险山突峰，但不像他们用笔锋芒毕露，这里的山峰于奇峭中包含着秀爽清润的雅逸之气，充满着文人画的气息。

仇英（？～1552前）太仓人，漆工出身，是人物、山水画高手，被称为"异才"。他取各家之长自成一家。《桃源仙境图》是他山水画的杰作。画中描绘一主体山峰下，白云缥缈，峰峦起伏，楼阁隐现于其中。全画色彩清丽雅淡，自然和谐。

文化

国画"清四王"是谁

"清四王"指清朝初期的四位著名画家：王时敏、王鉴、王原祁和王翚。他们在艺术思想上的共同特点是仿古，把宋元名家的笔法视为最高标准，这种思想因受到皇帝的认可和提倡，因此被尊为"正宗"。"四王"以山水画为主，各自画风略有区别，又以师承关系，分为"娄东"与"虞山"两派，影响了后代三百余年。

王时敏（1598～1677）太仓人。在山水方面刻意追摹元代黄公望，达到精美而酷似的程度。《夏山飞瀑图》为王时敏78岁时的作品。用全景式构图，峰峦层叠，瀑布高悬，树木蔽阴，小径蜿蜒，其间点缀茅舍草亭，画面虚实相间，云雾缭绕，表现了茂密山林郁郁葱葱的夏景。

王鉴（1598～1677）太仓人。自小刻意摹习名家画迹，功力深厚，《仿黄公望山水图》是他的得意之作。全景构图，主峰下山峦林立，村庄、水口、小桥在山涧边隐现，以树林与房舍作近景，笔法与黄公望肖似。在清朝所谓正宗的画系中，他与王时敏二人有"开继之功"，直接影响着清代画坛。

王原祁（1642～1715）是王时敏之孙，从小摹习宋元名家真迹，一生拜倒在古人脚下，是当时公认的摹古高手。《烟浮远岫图》是他的代表作，峰峦布局，山石树木用笔，无不出于黄公望，内容空泛，缺少生意，但笔墨纯熟，有一种潇洒之美。

王翚（1632～1717）常熟人。一生过着优裕的生活，得到康熙皇帝的赏识，进京主绘宫廷《南巡图》，被赐书"山水清晖"，便自称"清晖老人"。他与其他"三王"不同的地方，是既集古人诸家之长，又有自己的风格。《平林静牧图》用笔严谨，一丝不苟，造型优美自然，全画树石参差，变化无穷，疏密布置适度。画面上湖光山色，耕牛渔舟，农舍映辉，具有一定的生活气息。

文化

国画"元四家"是谁

　　元代画家黄公望、王蒙、倪瓒和吴镇，被称为"元四家"。他们向往过陶渊明式的隐居生活，愿与"深山野水为友"，以画山水抒发胸中逸气，尽管作画以真山真水为依据，而取意总是给人以冷落、清淡或荒寒之感，一般不画或极少画人物，造成"大地无人"境界，以表示对现实的不满。

　　黄公望（1269～1354）做过小官，因打抱不平，得罪权贵，两次下狱，几乎丧命，出狱后弃官当了道士，隐居于浙江富春江。长卷《富春山居图》是他的力作，描绘富春山景致，烟、云、树、山、林舍尽收画中。笔势干净利落，富有变化，用笔或尖或秃，或干笔皴擦，潇洒而秀润，墨色透明而凝重。熟练而概括的笔墨技巧，使画面达到既丰富又单纯的艺术效果。这幅画曾被视为后代数百年间学习山水画的第一范本，被比作书法中王羲之的《兰亭序》。

　　王蒙（1308～1385）曾在黄鹤山中隐居近三十年，他的山水画用笔熟练，笔力雄劲，写实能力强。《青卞隐居图》描写浙江吴兴卞山碧岩胜地景色。画面密而不塞，实中有虚、虚中有实，曾被人誉为"天下第一"。

　　倪瓒（1301～1374）出身殷富，青壮年生活安逸，曾学佛参禅，晚年卖去家庐田产，云游四方达二十年之久。《渔庄秋霁图》是倪瓒的杰作。画面构图简洁，中间大片水面，上下两头画出近远景。近处土坡上数棵稀疏树木，远处沙碛坡石，笔墨不多，而意境幽深。

吴镇（1280～1354）性情孤僻，早年以卖卜为生，诗书画成名后亦不肯与富贵人家来往，隐居终身。《芦花寒雁图》是他的代表作。画中近处的苇塘中一老者坐在小舟上仰头望天，天上两只飞雁掠空而过。意境空灵、迷蒙，是他性格孤高旷简的写照。

QING PING GUO CONG SHU
青苹果丛书

文 化

霍去病墓前的石雕是如何雕刻的

霍去病（前140～前117）是西汉武帝时英勇善战的名将，六次抗击匈奴。因有战功，被封为大司马骠骑大将军冠军侯。他死后汉武帝为他举行了盛大的葬礼，并在武帝的茂陵旁建造了一座象征匈奴的居地祁连山的坟墓，以纪念他在祁连山一带反击匈奴战争中的不朽功勋。坟墓造得高大如山，遍植林木，还雕刻了大型石刻多件散置"山"上，开创了我国借助雕塑与建筑环境的综合而形成纪念性综合体的先例。这个综合纪念群体，成功地展示了深山野林猛兽出没的艺术意境，令人产生对祁连山的无限幻想。

霍去病墓的石雕共发现16件，其中石人、跃马、卧马、马踏匈奴、伏虎、人与熊等9件发现于散置在墓冢的"山"上。其余的卧象、蛙、蟾、鱼等7件是1957年文物管理人员在墓冢的土中钻探发现的。这些石雕独特而简练的造型手法，对石块的巧妙利用，使后人深感叹服。

石雕中最有代表性的是被称为"马踏匈奴"的雕像。高约两米，原是设置于墓前，是霍去病墓石雕中的主题性雕塑。为了纪念这位英雄墓主人，并没有直接去表现其本人，而是借助英雄的战马。用威武的马象征胜利者，把战败的匈奴奴隶主踏于马下，言简意赅，用意明确。马被雕得强健有力，而匈奴奴隶主却被踏得蜷缩在马腹下狼狈挣扎。但他仍手持弓箭不甘心失败。这是我国最早的一座纪念碑式的石雕，是中国古代大型纪念性雕刻的早期杰作，值得我们珍视。其现实主义和浪漫主义相结合的手法，使艺术性和思想性达到了完美的统一。

知识阅读 017

"伏虎"也是霍去病石雕中的一件佳作。古代的雕刻巨匠非常了解虎的特点，用一块很像匍匐老虎的自然石头，只经过简要的艺术加工，就把一只准备捕食的老虎表现了出来。这只老虎伏地收肢，隐伏在那里，虎视眈眈，全身聚集着一股力量，随时准备一跃而起。身躯上刻凿的几道看似任意的线条，非常轻松地表现了虎周身的斑纹，又令人感到了它血液的流动、肌肉的起伏，充满了活力。虎尾回卷在虎背上，保持了石雕的整体，也助长了虎的机警。这件石雕造型简洁、概括，形象真实、生动，很有威慑力。粗犷的表面效果造成了皮毛的质感。

"跃马"长2.5米，表现了一匹休息卧地的马，正要一跃而起的一瞬间。雕刻者利用巨型石块的自然形态稍加雕琢，圆雕、浮雕、线划手法并用，次要的地方大胆概括，主要的部分充分刻画。与身躯和腿部比较，马的头部做了具体刻画。表现形似的时候，更注重神似，更好地表现了跃马的精神状态。这件石雕造型浑朴，气派宏大，显示了雄厚的内在力量。

霍去病墓石雕大都是依据自然石材的形状稍加雕琢而成，并有意保留了一些形象之外的石料，不但不令人感到多余，反而起到了加强动势，使作品完整的作用。雕塑看上去更加整体、自然，有破石而出、天然而成的感觉。从此以后，"循石造形"成为后世雕刻常用的手法。

霍去病墓石雕的特点是造型古朴、雄浑，雕刻技法粗犷、简洁，构思选料巧妙、独到，艺术处理夸张、变形。这些石雕体现了我国古代艺术家敏锐的观察力和高超的表现力，是我国现存时代最早、体积最大、最能代表中华民族气质的珍贵的雕塑遗产。

《兰亭序》：天下第一行书

晋穆帝永和九年（353年）三月三日上巳日，王羲之、谢安等41人在会稽山阴的兰亭，举行一次盛大的风雅集会，流觞曲水，饮酒赋诗，51岁的王羲之于酒酣之时，用蚕茧纸、鼠须笔乘兴疾书，写下了《兰亭序》这篇传颂千古的名迹。全文共28行，324字。通篇道媚飘逸、字势纵横、变化无穷，如有神助。充分体现出行书起伏多变、节奏感强、形态多姿、点画相应等特点。在章法（布白）、结构、用笔上都达到行书艺术的高峰。其特点分述如下：

天然的布局。《兰亭序》布局的形式，是采取纵有行、横无列，行款紧凑，首尾呼应的方式。《兰亭序》凡28行，行的疏密大致相等，偶有宽密。如神龙本的通篇行距，前四行较疏，中幅较匀，末五行紧密。字与字之间，大小参差，不求划一，长短配合，错落有致。保存了起草时随手书写的自然姿态，颇得天然潇洒之美。

多变的结构。《兰亭序》的结构可说极尽变化之能事，它不求平正，强调欹侧；不求对称，强调揖让；不求均匀，强调对比。字体或修长或浑圆，突破隶书扁平方正的形貌。特别是文中字有重复者，则转构别体，无一雷同，其中最为突出的是二十个"之"字，写法各个不同，或平稳舒放，或藏锋收敛，或端整如楷，或流利似草，变化不一，尽态极妍。

变化多端的用笔。《兰亭序》的用笔，看似无法而万法悉备。它有以下特点：（一）笔画的提顿导送、使转运行具有上下起伏的节奏感，给人以浑然天成的感觉。（二）点画中以露锋入纸，凌空取逆势，而且取势快，笔意活泼生动，可谓笔画粗细并出而锋芒特见。

如"阴"字。（三）以勾、挑、牵丝来加强点画间的呼应，使点画之间脉络相通，意气流动，其牵丝带络，揖让挪移，则又气脉贯穿，俯仰有情，这样增加了行书的灵活性和呼应关系。如"茂"字。（四）线形多变，于不经意中，涤尽隶书逆入平出波发高的笔意，可谓入古出新，戛戛独造。至于其他以欹侧代替平整，以圆转代替方折，朝揖向背，敛放有致等用笔之法，都无不精妙。

所以，《兰亭序》中的章法、结构、用笔，虽各自称雄，但互不侵夺，配合得非常默契。通幅作品显示出浓纤得体，圆润流畅，充分表现出晋人潇洒自然的风姿，无愧于"天下第一行书"的称号。

据史籍记载，王羲之《兰亭序》传至七代孙王智永，王智永传之弟子辩才，唐太宗派御史萧翼从辩才处赚取之，命供奉榻书人赵模、韩道政、冯承素、诸葛贞及欧阳询、褚遂良、虞世南等临摹，以赐皇太子诸王近臣，太宗死，真迹《兰亭序》殉葬昭陵。《兰亭序》自唐以后，分为两派，其一出于褚遂良，是为唐人摹本；其一出欧阳询，是为定武石刻本。

唐人摹本，常见的有下列四种：（一）"神龙本"，又称冯承素摹本。此帖幅前、幅后均有"神龙"二字的左半印。神龙系唐中宗李显的年号（705～707），元代郭天锡在卷后题跋中称是冯承素所摹，但清翁方纲则认为是褚派临本。此本书法沉厚静穆，丰神妍丽，气韵动人，为《兰亭序》中最秀丽者。乾隆把它列为"兰亭八柱第三"，曾刻入《玉烟堂法帖》、《三希堂法帖》。（二）褚遂良临本。帖前标题为"褚摹王羲之兰亭帖"，帖后有米芾题七言古诗一首，明代陈敬宗题跋认为是褚遂良所临，而清安歧、翁方纲认为此帖是拼凑而成，《兰亭序》及米芾诗为一事，苏省至刘泾五跋为一事，龚开至元程嗣翁七跋又为一事。但仔细观察此帖的用笔和结体，有很多地方似米芾的笔法，因此有可能为米芾摹本。乾隆把它列为"兰亭八柱第二"。（三）虞世南临本。帖尾有"臣张金界奴上进"七小字，故又称"张金界奴本"。明董其昌认为似永兴所临。清初梁清标确认为"唐虞永兴临帖"，但清王澍、翁方纲则认为是褚遂良所临。书法沉雄纵透，端凝闲雅。乾隆列它为"兰亭八柱第一"，曾刻入《馀清斋法帖》、《戏鸿堂法帖》、《玉烟堂法帖》、《秋碧堂法帖》。（四）黄绢本兰亭。又称"领字从山本"，也谓褚遂良所临。帖后有米芾、莫士龙、王世贞、文嘉、翁方纲等名人题跋。此本笔法精纯，气象万千，姿态流美，点画之间时有异趣。后人认为米芾题跋从他本移来，明清诸跋则为真迹。

至于刻本，则首推"定武"。唐太宗曾命欧阳询把真迹勾摹刻石，石存于大内，五代东晋之末，契丹辇石刻北归弃于杀虎林，后为李学究所得，李死，其子取石散模售人，每本须钱一千，好事者争取之。后其子负债，宋景文用公款为其还债，将石刻收入公库。熙宁中，薛师正出守定武，其子薛绍彭别刻一石易取原石带归长安，并凿损"湍、流、带、右、天"五字，暗记真伪。后徽宗知之，下诏索取宣和殿，金兵入汴，石刻辗转而流失。但宋以后，流行的都是定武本《兰亭序》，拓本已有肥本、瘦本及五字不损本、五字损本、阔行本等百余种，元赵孟说："江左好事者，往往家刻一石，无虑数百十本。"据宋桑世昌《兰亭考》记载，北宋苏过的好友康惟章，藏有定武兰亭百种。据元陶宗仪《辍耕录》记载，南宋理宗内府，藏有《兰亭序》一百十七刻，装褙作十册。至于到清朝，吴云藏有《兰亭序》二百种，号称"二百兰亭斋"。其间真伪讹杂。但真正定武原石拓本有三：一是元吴炳藏本，为五字未损本，册首有清王文治题鉴"宋拓定武襖帖"，帖后有张泊、王容、吴炳、倪云林、危素、沈周等人题跋。此本已流于日本。一是元柯九思藏本，为五字已损本，帖首有清王文治题"定武兰亭真本"六字，帖后有王黻、虞集、鲜于枢、赵孟、邓文原、玉文治等人题跋。一是独孤长老藏本，亦称火烧本。五字已损，赵孟得于独孤老人，为此题了十三跋，后因遭火烧，残存拓本三小片，共十六行六十余字，现流于日本。属于定武系列的拓本，负有盛名的还有"赵子固浇水本"，游氏所藏的"玉泉本"、"宣城本"，以及王百黻鉴定本、王晓本、韩珠船旧藏本等。它们虽经名家收藏，但各本之间互有优劣。此外，还有"开皇本"、褚摹的"颍上本"、"洛阳宫本"等。

《清明上河图》的伟大之处

张择端，字正道，东武（今山东诸城）人，幼时到汴京读书，后来专门学习绘画，在宣和年间（1119～1125）时为翰林图画院待诏。《清明上河图》就是出自于他的笔下。

《清明上河图》是中国绘画史上最伟大的一件作品之一，创作于1100～1125 年。作者张择端描绘了清明时节汴京城外沿河两岸的生活场面。画面全长 528.7 厘米，幅高 24.8 厘米，绢本土黄色。随着画卷的展开，我们就像跟着一架摄像机的镜头，从城外的河边开始，逐渐向市内行走，然后过了桥，又穿过城门，来到热闹非凡的集市中心——画面显示出作者运用移动透视的方法，近大远小法和淡淡的光影，使画面显得是那么的引人深入。

这件作品真实、全面、生动、细腻地描绘了北宋都市生活的各个方面，其中已经多为孟元老《东京梦华录》等史籍所证实。画家感兴趣的，显然是市镇上的各种商业活动、各式各样的人物和城市建设的各种建筑物（酒楼、药铺、香铺、茶铺、弓店、当铺），以及各种摊贩（做车轮的木匠、卖刀剪的铁匠、卖桃花的挑担）等。这个画的中心是虹桥，桥上有各式的人物，或骑马或乘轿，熙熙攘攘，好不热闹；而桥下，船工们正在激流中划着大船通过桥洞，船头有人在那里照看船行驶的方向，两边的艄公则用力地在划着船，气氛十分紧张。桥上的人在大声喊着、叫着，而船上的船工们则绷紧了所有的神经，凝聚着所有的力量，以保万无一失地通过桥洞。总之，《清明上河图》以其高度的写实技巧，使那错综复杂和引人入胜的画面，成为一种永久的历史性记忆。

　　《清明上河图》的艺术性是极高的，成就是伟大的。全图规模之宏大、结构之严密、人物之繁多、场面之热闹，在整个中国绘画史上是罕见的。它有界画的工稳与准确，同时又有写意点染的风韵。这种半工半写的人物画传统，以《清明上河图》为最突出的代表。以至于在此后，人们用各种方式在复制着它，而以南宋和明代的摹本为最多。

什么是轻音乐

　　随着现代物质生活水平的不断提高，人们已越来越注重对精神生活的追求和享受了。聆听音乐会已成为许多人特别是青年人最欢迎的业余活动之一。但是有些人在欣赏了美妙的电子琴、电吉他、萨克管和爵士鼓等乐器的演奏后，不由会产生一种疑问：明明它们演出时的音响效果非常热闹欢乐，有时甚至令人感到有些过分喧闹，却为何要称作"轻音乐"呢？这是一个十分有趣的问题。

　　我们知道，在声乐作品中有力度的强弱对比这个因素，也就是通常所讲的声音的响和轻，它是体现音乐作品的特征、塑造艺术形象、烘托环境气氛、增强艺术感染力的重要手段。但是很显然，"轻音乐"都是"轻量级"的音乐。事实上，"轻音乐"的轻，是轻松活泼的意思。轻音乐是特指轻松愉快、生动活泼而又通俗易解的一类音乐作品的统称。它一般不表现重大的主题思想和戏剧性内容，而只以亲切感人、短小精悍取胜。欣赏轻音乐，能使人们从音乐中调剂身心、忘却疲惫与烦恼，给人以一种轻松、美好的享受。它犹如文学作品中的散文诗，清新、美妙，令人赏心悦目。

　　听过轻音乐的人都会有这种感受：与那些多乐章的交响曲、协奏曲、奏鸣曲等相比较，轻音乐曲的结构简单明了，曲调优美抒情，且多次反复，易记易学；它的节奏往往清晰而明快，又具有鲜明的时代特征，因而很受人们的喜爱。而交响曲是一种大型的管弦乐套曲。它原从意大利歌剧的序曲演变而成，通常包含四个乐章，规模较大、乐曲丰富复杂，善于表现戏剧性较强、主题比较深刻复杂的内容。它犹如文学作品中的长篇小说和长篇叙事诗。至于演奏轻音乐的乐队也与演奏交响音乐的乐队有所不同，轻音乐中的"四大件"即电子琴（或电子音响合成器）、爵士鼓、萨克管和电吉他，在交响乐队中一般是不使用的。从整个乐队的乐器配备和人数规模上，轻音乐队都远比交响乐队更为灵活、精干，具有"轻骑兵"的特点。而一个交响乐队，无论在乐器配备和人数规模上，都比较庞大。它通常由多组乐器组成：（1）弦乐器，包括小提琴、中提琴、大提琴、低音提琴；（2）木管乐器，包括短笛、长笛、双簧管、英国管、单簧管、大管等；（3）铜管乐器，包括圆号、小号、长号和大号等；（4）打击乐器，包括定音鼓和钹、锣等。演奏的人数有几十人甚至上百人。演奏起来气势磅礴、撼人心魄。

那么轻音乐究竟是哪些音乐作品呢？这在我国和外国有两种不尽相同的理解。

国外对轻音乐（Light Music）的理解比较窄一些，它主要就是指由通俗音乐队演奏的那些抒情柔美、流畅悦耳的器乐曲。这方面最典型的是以法国的保尔·莫利亚和德国的詹姆斯·拉斯特等为代表的乐队所演奏的乐曲。从他们的演奏曲目看，大多是古典音乐作品的改编曲以及当代流行歌曲的改编曲，当然还有大量的经过重新编配的电影音乐和各国民间舞曲等。

在我国，一般对轻音乐的理解范围就更广些，除了以上所提到的那些乐曲以外，还将古典音乐中的一些通俗易懂的器乐小品也列入此类，如海顿、莫扎特的《小夜曲》；贝多芬的《小步舞曲》；施特劳斯的圆舞曲与波尔卡；还有某些大型歌剧或芭蕾舞剧中的序曲和选曲等。这些作品往往也具有轻快活泼的特点，容易在欣赏程度不很高的听众中传播开来。抒情感人的声乐曲也是构成我国轻音乐生活的一个重要的组成部分，这方面既包括中国的抒情歌曲如《请到天涯海角来》、《美丽的心灵》等，也包括一些外国的民歌与港台的流行歌曲和校园歌曲。

通过以上的介绍，不知你对轻音乐是否有了更进一步的了解呢？最后介绍你听两首乐曲：贝多芬的第五交响曲《命运》和法国抒情钢琴大师理查德·克莱德曼根据此曲改编的《命运'80》，这样你便会对交响音乐和轻音乐之间的区别作出一个令自己满意的答案了。

宋徽宗——聪明的画家，糊涂的皇帝

北宋皇帝宋徽宗赵佶，年轻时就显露出卓越的艺术才华。他对美术有真挚的爱好。他学画初期，喜欢接近当时的名家，并虚心求教。皇宫内府有大量藏画，他努力临摹学习，更使他丰富了绘画知识，提高了绘画技巧。之后，他成了很有造诣的画家。人们推崇他的画"笔墨天成，妙体众形，兼备六法"。尤其是他的花鸟画，成就更大，流传到今天的作品仍有 20 多幅，其数量在宋代画家中也是突出的。画史上说，他在位的时候，利用自己的权力，在推进美术发展上，也做了许多有益的工作。

对于画家赵佶，《画论》中记载着两则很有名的故事。一则故事说：有一年，宣和殿前的石榴树上果实累累，一只孔雀展开翅膀正要飞上树枝。赵佶和一些画家都看见了这色彩华丽的美景。赵佶随即命令画家们把它画下来。不多时，大家都画好了。赵佶把他们的作品看了一遍。画家们自以为石榴、孔雀都画得生动、富丽，一定会受到皇帝的赞扬。不料，赵佶却说："画虽然画得很漂亮，可惜都画错了。"画家们听了一惊。赵佶说："孔雀飞上树时，必先举左足；而你们的画里却全画它先举右足。"画家们一听恍然大悟，很感惭愧。

另一则故事说：有一年春天，龙德宫新建落成，赵佶命令画家们去画皇宫里的屏壁。大家不敢怠慢，都使出了浑身解数，十分认真地进行创作。然而，赵佶看了他们中的一些作品后，并没有多加赞扬。忽然，他看到其中一幅月季花画卷，显得极为高兴，马上询问是谁画的。回答说是一位年轻的新画师画的。赵佶听了马上降旨给予重赏。过了许久，才有人找到一个机会问明究竟。赵佶回答说：月季花月月开，可是春、夏、秋、冬，早晨、中午、黄昏，随着季节和时间的不同，它的花瓣、花蕊和叶片的形态与色彩都有变化。这些细微的差别，不经深入细致的观察是觉察不出来的，也就画不好画。那位年轻的新画家画的正是春天正午时分的月季，画得十分真实、美好，所以应该重奖。

这两则故事，说明赵佶确实是一个既有很强的观察力又有很高艺术造诣的聪明画家。在我国历史上，有文学艺术才华的皇帝也不少。如五代南唐后主李煜艺术才能出众，诗文音乐书画皆能，尤擅长作词；清代康熙和乾隆皇帝也都有很高的艺术造诣。但是有这样高超的绘画修养，在中国美术史上占有一定地位的，则只有赵佶一人了。

赵佶生于元丰五年（公元1082年），19岁就做了皇帝，在位25年。他在位时只对绘画有兴趣，在生活上穷奢极欲，不理朝政，不顾国力滥建华阳宫等宫殿；又迷信道教，大建宫观，自称"教祖道君皇帝"。他搜刮江南的奇花怪石，称"花石纲"，千里迢迢运到京师筑园，名"艮岳"，供自己享用。最糟的还是他听任奸臣蔡京、童贯等人把持朝政，贪赃枉法、滥增捐税，致使民不聊生，最后导致河北、京东和两浙等地爆发了宋江、方腊等农民起义。他对北方女真贵族集团的侵略则一味屈辱求和，最后酿成"靖康之变"，首都汴京沦陷，城内被洗劫一空，赵佶和他的儿子赵桓以及后妃并赵氏宗族亲属3000多人，全部做了俘虏。总之，在赵佶统治的25年间，他给人民带来了深重的祸害，也使自己做了异族的阶下囚。因此说，他又是一个昏庸无能、腐败堕落的糊涂皇帝。

为什么古人要让儿童学习《三字经》

古代儿童开始读书认字时就要学习《三字经》，这是为什么呢？

我国古代诗歌以四字句、五字句、七字句为正宗，但对于儿童来说，三字句更好记，儿童喜欢的童谣、顺口溜大多是三字句。如东汉时有个叫边孝先的老师，他体格肥胖，喜欢睡觉，讲完课他就伏案打盹。有一次，学生以为他睡着了，就偷偷地在下面编了个顺口溜嘲笑他："边孝先，腹便便，懒读书，但欲眠。"谁知他并没有睡着，听到顺口溜后马上随口回了一首顺口溜："边为姓，孝为字。腹便便，五经（指《诗》、《书》、《礼》、《易》、《春秋》五部儒家经典著作）笥（盛衣物的竹器）。但欲眠，思经事。寐与周公通，静与孔子同。师而可嘲，出何典记。"这一段顺口溜大意是：我的肚子大，里面装的是学问，我伏案打盹是在思考经典的事，我睡觉也是在与周公、孔子商量学问。你们竟敢嘲笑老师，是哪本书教你们的？这老师学生间的一问一答。不假思索，脱口而出，基本上都是三字句。由此可见古代儿童操练最熟悉，运用最自然的是三字句。《三字经》正是根据这一特点，用三个字一句写成，语言浅近，隔句押韵，容易识记，容易背诵。《三字经》中又包容了大量的旧时代的文化知识，如："稻粱菽，麦黍稷，此六谷，人所食。马牛羊，鸡犬豕，此六畜，人所饲。""匏土革，木石金，丝与竹，乃八音。""高曾祖，父而身，身而子，子而孙，自子孙，至玄曾，乃九族，人之伦。"这几句就简明地解释了什么叫"六谷"、"六畜"、"八音"、"九族"等。《三字经》中还有不少为人处世的格言，如"养不教，父之过；教不严，师之惰；子不学，非所宜。幼不学，老何为，玉不琢，不成器，人不学，不知义。"当然《三字经》中还包含了大量的封建礼教思想，如"首孝悌，次见闻"，"幼而学，壮而行，上致君，下泽民"等。正因为《三字经》罗织广泛的知识，又合乎封建礼教，而且通俗易懂，容易背诵，所以，它就成了古代儿童的启蒙指定读本。

文 化 🔍

为什么人们把郑板桥的画、
字和诗誉为"三绝"

　　郑板桥，清代"扬州八怪"之一，为人风流雅谑，愤世嫉俗，怪各成癖。他一生所走的是一条超越前人、独树一帜的艺术道路。他的诗、书、画为世人赞为"三绝"。有诗为证："板桥作字如写兰，波磔奇古形翩翩。板桥写兰如作字，秀叶疏花见姿致"（清·蒋心余）。此诗对板桥书画特征做了精确的艺术概括。

　　我们先说说一绝——板桥的画。郑板桥一生作画，"五十余年，不画他物"，专攻兰、竹。他给我们留下了一幅幅"兰图"：《幽兰图》、《丛兰荆棘图》……作者笔下的兰花，或遒劲傲立，似不屑与权贵同流合污；或雅逸飘幽，似远避世尘而悠闲自得。板桥的墨竹画，成就最高，也最能体现他的"怪"。他曾在《墨竹图》中题款曰："昔日东坡居士作枯木竹石，使有枯木石而无竹则黯然无色矣。余作竹石固无取于枯木也。意在画竹则竹为主，以石辅之。今石反大于竹，多于竹，又出于格外也，不泥古法，不执己见，惟在活而已矣。"我们从中可见板桥作画不囿于传统，不拘泥古法，而锐意改革，注重创造。因此，他的墨竹画常常"出于格外"。大竹、小竹、老竹、晴竹、雨竹、凤尾竹、佛珠竹……无不各具神韵和风姿。看了他的墨竹，你仿佛置身于一个竹子的王国，令你眼花缭乱，尽享其美。

　　说了画，再来说说板桥的书法。"板桥作字如写兰"，他的字同他的画一样"怪"，世称"板桥体"。古人作字，或行书，或隶书，或草书，或楷书，一体到底，绝不半中换体；可板桥独具匠心，一幅字虽以行书为主，中间杂以楷、草、隶、篆等体，此一怪也。另外，板桥作字，字体时大时小，时浓时淡，时长时扁，时正时歪，你说怪不怪？怪！可又不怪，它看似乱，实有序；看似歪，实为正，它字字相关，字势相贯，统览全篇，便觉协调而有致，形俊而意远。

再来说说最后一绝——诗。板桥做诗，多为画面题诗，他无意雕琢，而注重意境的创造及自我的体现，常借诗抒怀，愤世疾俗。我们来看他的一首题画诗："春风春雨写妙颜，幽情逸韵落人间。而今究竟无知己，打破乌盆更入山。"读罢此诗，我们不难品味出作者为世上知音甚少而发出的慨叹，从中也可以看出作者超脱世俗、高傲自信的个性。

可见，郑板桥真可谓一代宗师。但生活在我们这个时代的人不能片面地从艺术角度去评价板桥的"怪"，而要结合当时社会背景去赏析，方知怪中之"绝"。

为什么三彩唐俑被称作"陶瓷艺术的瑰宝"

商、周时期我国古代劳动人民已经掌握了在陶器上涂施彩釉的技术，到了汉代已经能生产黄、绿、褐等色的釉陶。在这种单釉色的基础上，唐代出现了混合运用彩色的釉陶，因沿袭用黄、褐、绿三色，一般称为"唐三彩"。以黄、绿、白，或黄、绿、蓝等釉色交错为主。其实大多不拘于三种色彩，有的呈四色或五色。唐三彩以瓷土为胎骨，分白胎和粉红胎两类，其中以纯净的高岭土为佳。由于陶坯着釉料时的参差，当低温燃烧至摄氏 800 多度时，色釉交溶、釉水流漾而呈现出五彩斗艳、美丽堂皇的景观。唐三彩色彩鲜艳，笔触活泼，釉彩被涂画得淋漓尽致，如同是一幅清新爽朗的水彩图案画。它在中国陶瓷史上开创了一个新的面貌，足以反映盛唐文化高峰时期博大清新的陶瓷艺术成就。

唐三彩多为各种器皿，但同样也涂画在俑像雕塑上，形成一批色泽美丽、光彩夺目的三彩人物和三彩动物俑。更成为王公贵族们竞相厚葬的殉葬品，近年来有大量出土。三彩唐俑是我国艺术史上的杰出品种，不仅真实生动，而且多式多样。人物俑有男女、老少、文官、武士、仆役、舞女、乐伎、天王和魁头等。姿态有坐、立、跪、伏，动作有弹唱歌舞、牵马、乘驼、捧盘、挥扇、骑马击球、拱手而立等。其中除汉人面型外，还有少数民族和外国人。动物俑有马、牛、羊、狗等。禽类有鸡有鸭。其中以人俑和马俑发现得最多也最精彩。唐俑的变化因时代先后而异。初唐多沿袭隋代作风，男女俑身材细长，面庞清瘦，衣服紧窄，发髻高而耸。盛唐时期由于经济富庶，文化艺术也有华贵之感，女俑表现了环肥健康的女性丰硕之美。衣服宽大，比例均匀，且无臃肿之感。晚唐社会衰败，唐俑也型小质差有衰落的感觉。唐俑性格表现得恰如其分：文官俑庄静肃穆、温文尔雅，天王俑和武士俑体格魁梧，精神饱满；歌舞俑动作优美，栩栩如生。女俑是三彩俑的杰出代表。她们婀娜多姿，神态万千。面部神情有的微微抬头，若有所思，娴静安详，她们神情兼备，巧夺天工，充分表现了唐代贵族妇女体态丰润、艳丽动人的特点。马俑也是唐代艺术家的杰作，通过对马的结构形态深入的观察，在塑造时进行了取舍夸张，创造了长颈、方胸、圆臀、张口翘鼻，极为典型的唐马形象。

这些神形酷肖的唐代产物，是当时社会风俗人情的形象再现，堪称精美绝伦的艺术珍品，足以光耀世界。

文 化

为什么说《韩熙载夜宴图》
是一份画家给皇帝的"汇报"

我国的稀世名画《韩熙载夜宴图》（高 28.7 厘米，长 335.5 厘米），是五代南唐宫廷画家顾闳中的传世之作。但它竟是画家用图画形式向皇帝作的一份汇报，你相信吗？

事情的原委是这样的：我国唐朝灭亡后出现了长达 50 年的分裂局面，历史上称为五代十国。那时北方有一位很有政见，文章诗文都做得很好的人物叫韩熙载（907～970），他由于父亲在后唐内部的倾轧中被杀，怕受牵连，遂趁乱逃到南方，在南唐时期当了秘书耶，辅佐太子。南唐中主李即位后，更受重用。但昏庸无能的皇帝李虽然重用他，却不采纳他具有远见卓识的政治主张，导致南唐政权日益衰落。到南唐后主李煜即位时，韩熙载官至光政殿学士高位。皇帝李煜对这位很能干的大臣既想用，但又很不放心，心里十分矛盾。韩熙载也意识到，他表面上虽被南唐朝廷重用，但毕竟是北方人，随时会在官场上遭到意外。为了免遭可能发生的厄运，他不得不在政治上尽量避免与朝廷发生冲突，并在生活上以纵情声色的方式去转移同僚的视线，掩人耳目。

为了摸清韩熙载的真实情况，皇帝派出了宫廷画家顾闳中、周文炬两位，去执行"任务"，让把看到的情景画成图画，向他"汇报"。

画家们的任务是艰巨的。他们既不能暴露身份和意图，又不能凭主观臆想乱画。他们常常是打听韩府哪一夜要大宴宾客时，便赶忙乔装打扮一番，混在宾客中进入韩府内厅。他们不能公然拿出纸笔对景写生，只能"目识心记"，靠敏捷细致的观察和记忆能力，把窥见的人物、情景、活动、表现等默记于心，回家再把它们一一描绘出来。最后，他们终于拼组成了一帧《韩熙载夜宴图》的长卷画幅。

《韩熙载夜宴图》由听琴、观舞、休憩、赏乐和调笑五段组成，每段是一幅完整的画面，用屏风隔开。各段既可独立成幅，但又是相互紧密关联的组画。由于画家惊人的洞察力和超凡的绘画技巧，使这幅画从内容上成了南唐贵族阶级穷奢极欲、荒淫无度的腐朽生活的真实写照，具有极高的历史价值。从绘画成就上，它无论在人物造型、用笔、设色上，都达到了很高的水平，尤其对韩熙载这个人物空虚苍白精神世界的描绘，可以和任何世界名画相媲美。比如画中画的人物须发就像从皮肤中生长出来的一样，勾染结合得很熨帖。画中人物的衣纹组织也严整简练，又非常利索。对器物的描绘一丝不苟，像琵琶、屏风、杯盏、青瓷器皿等都画得逼真、精致、细腻，质感、立体感都很强。画上的这些道具是研究南唐时代风俗、时尚、音乐、舞蹈、工艺的珍贵参考资料。画家在赋色上也极有功力。人物服装中红色和绿色的配置，相互穿插，有对比又有呼应，色彩不多但显得丰富而统一。在华丽的色彩中，画家采用大块的黑白间隔开来，使画面获得和谐的艺术效果。

总之，这份由顾闳中奉皇帝之命所画的图画"汇报"，由于它艺术上的突出成就，竟使它成了我国文化宝库中的一块闪闪发光的瑰宝，成了一幅稀世的名画。

《韩熙载夜宴图》现存北京故宫博物院。可惜另一位画家周文炬的作品已经失传。

为什么说曾侯乙墓出土的古代编钟
是世界音乐史上的奇迹

　　1986年3月15日，在武汉市街头出现了这样一个蔚为壮观的场面：一列方整的车队缓缓驶过中心大街，向前行进，摩托车在车队前鸣叫着警笛开道，街道两旁有许多公安人员在严密警戒守卫。这不是盛大的庆典游行，也不是在迎送重要的外国来宾，原来这列由四辆大卡车组成的车队正在运送一套我国的稀世艺术珍宝——编钟。可以毫不夸张地说，这是在运送一座震惊中外的"地下音乐宫殿"！

　　提起钟，人们都知道，它是一种计时的工具。然而钟还有许多其他的含义却并非人们都知道的。在我国古代，我们可以从《诗经》中的"窈窕淑女，钟鼓乐之"得知，它最初是作为一种民间乐器在人们喜庆佳节时使用的。由于钟的发音雄浑、洪亮，它逐渐受到贵族统治者的青睐，他们把钟迎进了宫廷，作为一种娱乐消遣的工具。"钟鸣鼎食"这个成语再清楚不过地揭露了当时的豪门贵族吃饭时要击钟奏乐助兴，用鼎盛食那种骄奢淫逸的腐朽生活。到了周朝，钟的地位又有提高，成为只有最高统治阶层才有权享用的"专利品"。周朝"天子"用钟乐祭祀祖先，祷告上苍；用钟乐来宣召征战，并为自己歌功颂德。这样，钟不仅仅是一种乐器，更成了一种礼器，一种象征统治权力的标志。正由于在古代的奴隶社会和封建社会，钟具有如此鲜明的等级特征，因此统治者大力提倡铸造乐钟。青铜文化发达的商朝和周朝是铸造工艺技术飞速发展的阶段。在这一时期，钟已经由单枚悬挂演奏的镛（大钟）和钮（小钟）发展到编组成列可以演奏乐曲的编钟，使之成为音色比较完美的旋律性的打击乐器。

　　前面提到的那套 1978 年 5 月在湖北省随县出土的曾侯乙墓编钟，它是从战国初期曾国的一个名字叫乙的贵族的墓葬中被发掘出来的。全套编钟共有 65 枚，依钟体大小和音阶高低为序编成 8 组，分别悬挂在 3 层钟架上。中、下两层共有镛钟 45 枚和钟 1 枚，它们是编钟的主体部分。钮钟的钟形较小，共有 19 枚，悬挂在钟架的上层。这套编钟中的每个钟当敲击其正面和右下角时，都能分别发出两个不同的音。这洋洋洒洒的巨大编钟总的音域范围竟达五个 8 度以上，即从低音的 6 到高音的 1，其中在中心音域约三个 8 度之内（大约是 6 到 1）能奏出完整的半音音阶。由于整套编钟的音阶结构与现今国际通用的 C 大调 7 声音阶基本相同，所以它实际上就等于是一架 C 大调的钢琴，可以演奏出古今中外的任何名曲。演奏时，下层大钟的声音低沉浑厚，中层镛钟圆润明亮，而上层钮钟则晶莹剔透，构成一曲钟的交响乐。它不仅雄辩地表明了在春秋战国时期我国的乐器制作中已经以十二律的理论为依据，而且还很好地解决了乐曲的旋宫转调的问题。当外国友人听到用这套编钟演奏的贝多芬的《命运交响曲》时，不禁由衷地啧啧称羡，拍案叫绝。

　　这套编钟的构造也堪称"人间奇迹"，它连铜木结构的钟架在内总共高达 2.7 米，总重量为 2500 多公斤，其中一枚最大的镛钟就重 203.6 公斤，而最轻的一枚钮钟仅 2.4 公斤。每枚钟上，都刻有铭文。这些铭文，对这套编钟音律特点，做了明确的记述。

　　这套在地下沉睡 2400 年之久、音响性能依然完好如初，音色如此之美、规模如此之大的曾侯乙墓编钟，不仅在中国，甚至在世界音乐史上也是绝无仅有的！难怪海内外的专家学者和游人纷纷慕名而来，争相一睹为快。然而，他们也许不知道，现在在湖北省博物馆陈列的这套编钟实际上是一套惟妙惟肖、几可乱真的复制品。为使这一稀世珍宝能够永传后世，它的"真身"已被国家文物部门绝对安全地保护起来了。不过，你也不必为此感到遗憾，因为在把它"珍藏"之前，在它身上所作的最后一次敲击演奏的录音已被制成了唱片和音带，以满足人们聆赏那美妙古乐的渴望。

为什么王羲之特别喜欢鹅

　　王羲之是我国东晋时一位杰出的书法艺术家。他的书法作品在国内外也有很大的影响。他是山东琅玡临沂人，中年辞官后便隐居在会稽山阴县（今绍兴市）。传说王羲之特别喜爱鹅。他家门前有个池塘专门养鹅。一天，王羲之外出访友，路经一座道观，见观前有一群白鹅在悠然自得地游荡。他便忍不住停步细看，越看越喜欢，竟情不自禁地向观里道士提出要买这群鹅。道士一听，哈哈大笑说："我不要你的钱。请你挥洒大笔，为我们抄写一卷《道德经》，写完便将这群鹅酬谢于你。"王羲之二话没说，挥笔便写，写完后就高高兴兴地赶着鹅回家了。唐代大诗人李白为此事还写了一首叫《王右军》的诗呢！（王羲之担任过右军将军的官职，所以人们称他为王右军。）

　　王羲之为什么特别喜欢鹅呢？这和他的书法艺术创作大有关系。清代有个书法理论家名叫包世臣，写了本很有名气的书法书《艺舟双楫》。书中讲到王羲之爱鹅，是因为他从鹅的形态得到了启示，悟出了执笔的最佳方法。书中说，握笔时食指高钩，大拇指在食指和中指之间，使食指像鹅头昂曲。另外，中指内钩，小指贴着无名指向外推，如鹅两掌拨水的样子。书上说，王羲之喜爱鹅，正是为了仔细观察鹅的两掌一前一后拨水的样子，从而悟出执笔的最佳方法。

　　包世臣的这个说法虽说有点道理，但并不充分，也不够全面，因此现代的一些书法家和书法理论工作者又有了一些新的解释。有的说，王羲之仔细观察鹅的体态，看到鹅的脖子十分灵活，转动自如，伸屈有力而自然、体态又十分优美，从中得到了运笔方法的有益启示。因为王羲之运笔婉转自如，写出的字才潇洒流利。也有的说，王羲之喜欢观察鹅掌拨水，仔细观察其神态悠然自得，力气含蓄而不外露，将其融入书法艺术形象中，使他的书法作品呈现出一种清新俊逸之美。

这些说法是可信的。我国历代的书法家在进行书法艺术创作时，除继承和发扬前人的艺术传统外，还时常"师造化"、"以万物为师"，即向大自然学习，向大自然中生趣盎然的事物学习。自然界中那苍翠的松柏、巍峨绵延的高山、波涛汹涌的大海、奔驰的野马、盘旋的雄鹰和自得其乐的游鱼，都显示出强大的生命力和生动的美，也给了书法家的艺术创作以无限的启示，从中汲取美的养分来丰富自己的书法艺术创作，使自己的书法作品不仅具有力感，而且显得生动活泼、生气勃勃。我国历代的一些书法评论文字，也常用自然界里生动的形象来评论、比喻一些书法家的作品。如南朝爱好书法的梁武帝肖衍便说王羲之的书法"字势雄逸，如龙跳天门，虎卧凤阁"。唐太宗也形容王羲之的字如"凤翥（zhù，向上飞的意思）龙蟠"。现在我们还用"龙飞凤舞"来形容写字的气势。这正说明写字和自然界的事物是有联系的。这便是书法家从自然界的事物中得到的启示，汲取了美的养分，进行书法创作。

为什么中国画被称为"中国四大国宝"之一

　　中国画是我国特有的民族艺术形式，是在我们长期的历史发展中，由于民族性格、历史、文化传统、审美观以及绘画材料和工具等的不同条件，经过无数画家的努力逐步形成的。在表现方法和色彩运用方面都带有强烈的民族特色，在绘画技法上积累了非常丰富的经验，对世界艺术做出了很大贡献，同中医、书法、京剧并称为"中国四大国宝"。

　　中国画是运用中国传统特有的毛笔、宣纸、墨、砚台等工具来作画的。内容上大致有人物、山水、花卉、瓜果、翎毛、走兽、虫鱼等科目（可归纳为山水、花鸟、人物）。技法上则分为工笔、写意、兼工带写、勾勒设色、水墨等，设色又分为金碧、大小青绿、没骨、泼彩、淡彩、浅绛等几种，主要运用线条和墨色的变化，以勾、皴、擦、点、染、浓淡干湿、阴阳向背、虚实疏密和留白等表现手法来描绘物象。中国画有其独特的构图形式，不受时间空间的限制束缚，并且在处理空间上有极大的灵活性。与西方油画的焦点透视不同的是，中国画讲究散点透视。中国画在形式上有壁画、屏障、卷轴、册页、扇面等，并运用独特的形式进行装裱。

　　中国画强调"形神兼备"、"气韵生动"的艺术效果，在创作过程中，从观察生活、研究对象、搜集素材到表现形式上都有其独到之处。中国画强调与书法、篆刻、诗词的广泛联系，在形式上与书法、篆刻的联系称"书画同源"、"骨法用笔"；在内容上与诗词的联系称"诗中有画，画中有诗"。诗、书、画、印的结合是中国画的主要特点，也是中国画家所必须具备的修养。

中国画从诞生至今的数千年间，涌现了大量的优秀作品和难以计数的著名画家，每一个画种的诞生，每一种技法的确立都伴随着画家的艰辛劳动。

中国画虽然是我国各民族人民共同创造的结晶，同时也不断受外来画种的影响。由于近代西洋绘画的进一步输入，新兴美术教育的兴起，中国画将外来画种的优秀特点融化在自己民族的绘画中，使中国画又不断起着新的变化。现代的中国画在推陈出新、古为今用、洋为中用、百花齐放的文艺方针政策的指引下，正日新月异地发展着。

为什么中国书画艺术注重"文房四宝"

　　我国唐代的书法大家在谈怎样学好书法时，提出了四点要求，即"执笔圆畅，布置合宜，纸笔精佳，变通适怀"。其中，"纸笔精佳"便是要求学习书法者在纸和笔上要用得好些。可见前人在注重基本功训练的同时，也注意纸笔等文具的选择和使用。

　　"文房四宝"指的是用于书画的纸、墨、笔、砚，历来公认的四宝佳品是"宣纸"、"徽墨"、"湖笔"、"端砚"。当然现在的文房四宝的佳品已不止此四种。那么这"四宝"到底有什么特别之处呢？

　　"宣纸"之"宣"，即安徽宣城，古来以出产于宣州（现在纸厂设在安徽泾县）的纸为上品。这种纸性能独特，有的受墨而易渗化，称之为"生宣"；受墨而不化者，称之为"熟宣"；薄一点的称为"单宣"，厚一点的称为"夹宣"，再厚的称为"夹贡"、"玉版笺"，等等。与国外相比，由于使用的笔具不同，纸的性能便有了天壤之别，我国造纸的传统工艺完全是为书画服务的，它有助于书画笔墨的变化和发挥，这就是它成为"宝"的原因之一。当然，宣纸的种类繁多，性能不一，只有掌握了它们的厚与薄、紧与松、生与熟、陈与新等差异，多多尝试，才能掌握并发挥它们各自的性能和功用，从而增添书写的效果。

　　"徽墨"，得名于安徽徽州出产的墨。墨的使用始于后汉，那时的墨是用墨石磨成汁，称之为"石墨"；到了南唐，有了以松烟制墨的工艺。从此，墨的质地和墨的外形都有了很大的发展。即使在讲究时效的今天，虽已有了"墨汁"、"方便墨"之类，但书画爱好者还是宁可花费点时间，用砚磨墨。至于墨的使用效果如何，一要看质地，好的墨胶轻而细腻，乌黑而有光；而胶重光呆、色不纯黑或黑而无光的墨不算上乘；二要看墨的浓淡稠稀，太浓了会滞笔，太淡了会乏神。因此，有些书法家不仅研究用笔，而且也研究如何用墨。

砚，也称"砚台"、"砚池"、"砚田"，最大的砚称"砚海"。砚的好坏主要看石质。"端砚"是公认的好砚，它的石料来自广东省肇庆的端溪，这种石头质地细腻，且能下墨（亦说"受墨"），再好些的还能"发墨"，写出来的字灿然动目。除"端砚"外，安徽歙县产的"歙砚"也很有名气。

"湖笔"，产于浙江湖州。"湖笔"中以羊毫最著名，这种笔原料讲究，制作精良，锋挺而富有弹性，是书画的理想笔具。当然，书画用笔要求最高，一要看笔的规格大小。湖笔中最大的称为"楂笔"，其次为"斗笔"、"提笔"，再其次为"联笔"、"屏笔"，再次为大、中、小三楷，再小的还有各种水笔。二要看性质，笔有钢、柔、中性三种，用哪一种，要看字体、大小的需要而定。

总之，文房四宝是中国书画家不可少的帮手，但物好还要用得好，因此，只有加强书画的基本功训练，有了一定的书画功底，再加上纸、笔、墨、砚的配合，才能创作出好的作品。

萧友梅——中国现代音乐之父

　　萧友梅（1884～1940）是我国现代音乐的奠基人之一，出生于广东中山县。早年留学日本、德国学习音乐，1920年回国后，主持北京女子高等师范学校音乐科和北京大学音乐传习所的工作，为专业音乐教育的开创做了有益的尝试和准备。1927年，在蔡元培的支持下，由萧友梅主持创办了上海国立音乐院（后改名为国立上海音乐专科学校，新中国成立之后改名为上海音乐学院），这是我国正规专业音乐教育的开端。此后，他一直从事该校的管理和教学工作，为我国现代音乐教育的发展呕心沥血，做出了重要贡献，被称为"中国现代音乐之父"。萧友梅曾编写过《风琴教科书》、《钢琴教科书》、《和声学》、《普通乐学》等一批我国早期的音乐教材。同时他也以严谨的风格，运用西方作曲理论写出了一些早期的艺术歌曲，如《问》、《南飞之雁语》等。此外，他还在器乐创作方面有所尝试。共写有一百多首歌曲、两部大合唱、两首弦乐四重奏、两首钢琴曲、一首大提琴曲。萧友梅还是我国最早获得博士学位的音乐家。1916年7月，他以《关于十七世纪前中国管弦乐队的历史研究》一文获莱比锡大学哲学博士学位。

文 化

"扬州八怪"是指哪些人

　　"扬州八怪"指清乾隆时期在江苏扬州活动的一批职业画家，他们有着相同的文艺思想和命运。扬州八怪究竟是那几位画家，众说不一，一般认为是汪士慎、李鱼单、金农、黄慎、高翔、郑燮、李方膺和罗聘。

　　他们靠卖画为生，对现实抱怀疑和不满的态度，对劳动人民的疾苦寄予一定的同情。在艺术上他们不受成法和古法的束缚，在题材的选择和内容含义上翻新创造，将平民生活用品入画，扩大了花鸟画的范围。他们的笔墨豪放洒脱，力求神似。

　　李鱼单的《鸡》图轴，在柳枝下的篱笆边画了一只正在觅食的公鸡，水墨大写意，用笔洒脱，似随意涂抹而成，墨色湿润，浓淡得体，篱边补几支艳菊、野草，画面显得丰富开阔。左上方题诗："流叶飘萧处士林，霜华不畏早寒侵。画鸡欲画鸡儿叫，唤起人间为善心。"用意在"劝人行善"。

　　郑燮（板桥）的《竹》图中，两枝茂竹相依而立，下面两枝嫩篁相辅，竹叶疏密浓淡，处理得当，气势连贯，构图精美。左下角以画家独创的"七分书"题诗道："衙斋卧听萧萧竹，疑似民间疾苦声；些小吾曹州县吏，一枝一叶总关情。"看画读诗，联想到当时的灾荒、饥馑，充分体现了画家那颗不平静的心。

　　八怪的许多作品都表现了体察民情，同情穷苦人民，对现实不满的政治态度。

中国人的姓名为何复杂

　　据考证，中国共有 6000 多个姓，这还不包括少数民族的姓。全国的汉族姓氏中以姓李的人最多，其次是姓王和姓张的。如果这三个姓的人组成三个国家的话，每个国家的人口都可以在全世界 170 多个国家中名列前 20 名。如果按人数多少重新排列百家姓，那么，李、王、张、刘、陈、杨、赵、黄、周、吴、徐、孙、胡、朱、高、林、何、郭、马这 19 个排在前面的大姓加起来，就占了汉族人口的一半以上。

　　中国人的姓除了多以外，还有很多讲究。例如以植物为姓的，如梅、李、桃、叶、花、林等；以动物为姓的，如牛、马、熊、鹿、龙等；以住地房屋为姓的，如东郭、南郭、西门、欧阳、庐、舍、宫、门等；以职业为姓的，如司马、司徒、贾（商业）、陶（制陶）等；以食物为姓的，如米、汤、谷、麦、粟、粱等。还有以颜色的为姓的，如黄、白、蓝、朱、黑、乌等。说起来很有意思，还有以数字为姓的，除了二，从一到九都可以当姓，如一善、三旦、四水、五梁、七希贤、八通、九嘉等，都是古代人的姓名。

　　在 6000 多个姓中，除了 3000 多个单姓，还有 2000 多个双字复姓，如欧阳、上官、呼延等；还有 100 多个三字复姓，如侯莫陈、步鹿根等，甚至还有极少数的四字复姓和五字复姓。6000 多个姓看起来已经很多了，可这只是古代姓氏很少的一部分。

　　中国人取名字也很有特点，一种是一字名（即单名），另一种是二字名（即双名）。不论是哪种取名法，多数都是运用汉字字形的变化来命名，比如：

1. 把姓增文，如石磊、吕品、金鑫、王匡等；

2. 把姓减文，如陈东、阮元、聂耳、何可等；

3. 把姓拆开，如董千里、雷雨田、胡古月等；

4. 连姓带名、既谐音又有意义的，如钟声、雷鸣、武装、万里等；

5. 以排行取名，即名字中有一个字一样或偏旁一样，如取"松"字，则叫松涛、松林等；如取带三点水的字，则叫江、涛、洋、波、源等。此外，还有叠用一个字取名的，如玲玲、芒芒、红红、婷婷、萧萧、亮亮等。

除了姓和名之外，中国古代有地位的人还有字和号，现代知识分子中有字和号的，其讲究就更多了。

总之，中国人的姓氏在世界上称得上是比较复杂的了。

中国音乐十大古曲是什么

　　十大古曲为：《高山流水》、《广陵散》、《胡笳十八拍》、《梅花三弄》、《十面埋伏》、《夕阳箫鼓》、《汉宫秋月》、《阳春白雪》、《渔樵问答》和《平沙落雁》。它们通过不同的艺术手段及各种独特技法的巧妙运用，塑造出不同的音乐艺术形象。为世人留下了宝贵的精神财富。同时，也充分显示了我国古代音乐文化的高度发展。这十大古曲，是我们中华民族引以自豪的灿烂的艺术明珠！

　　中国古代琴曲《高山流水》，内容选自《吕氏春秋》中伯牙鼓琴的故事。后人常常把高山流水拟作知音。现在流传的多为《天闻阁琴谱》（1876 年）所载清代川派琴家张孔山加工发展的。他充分发挥了滚、拂、绰、注的古琴演奏技法，通过深沉、浑厚、流畅的旋律和清澈的泛音演奏，表现了层峦叠嶂，幽涧滴泉那种清清凌凌的奇境，令人欣然回味。

　　这首琴曲也是一首对祖国壮丽河山的颂歌，形象鲜明、生动，情景交融，气势磅礴。成为近代流传最广的曲目之一。古琴演奏家管平湖演奏的《高山流水》灌制的唱片，曾被美国科学家选入太空探测器的金唱片中。

　　《广陵散》又名《广陵止息》，原是东汉末年流行于广陵地区（今安徽省寿县境内）的民间乐曲。最早载录《神奇秘谱》中。它以战国时期聂政刺韩王的民间传说故事为题材。因此，乐曲所表现的情绪与这一传说故事有不少相通之处。乐曲以刚劲有力的泛音和带有叙事性的音调开始，运用顿挫跌宕的节奏，以独特的风格来表现压抑郁愤的叙事情绪，曲调优美，被称为古琴"曲之师长"。传说三国时期魏末古琴家、音乐理论家、文学家、思想家嵇康曾善弹此曲，而闻名一时。

《胡笳十八拍》是根据汉代以来流传的同名叙事诗谱写的琴曲。《胡笳十八拍》的"拍"字，意思是乐段间的休止。所以十八拍即十八段的意思。该音乐带有深沉的倾诉性，表现蔡文姬在异国他乡思念故土和惜别子女的痛苦心情。乐曲哀婉凄切，深刻感人。

《梅花三弄》又名《梅花引》、《玉妃引》。自古以来，人们将梅花傲霜高洁的品格用以隐喻具有高尚节操的人。"三弄"指曲中泛音曲调在不同徽位上重复三次。《梅花三弄》以明快的节奏，清新活泼的曲调，表现出梅花的高洁、傲放；以铿锵有力的节奏，高亢流畅的旋律来塑造梅花不畏严寒、巍然挺拔傲霜的形象。

《平沙落雁》又名《雁落平沙》或《平沙》，该琴谱初载于明末《古音正宗》（1634 年）。问世以来，深受琴家喜爱，是近三百年来传谱最多的琴曲之一。琴曲悠扬流畅，旋律起而又伏，绵延不断，优美动听。且动中有静，静中有动，生动地描写了时隐时现的雁鸣，及在降落前此呼彼应，盘旋顾盼的情景。形象鲜明，别具一格。

《渔樵问答》存谱初见于明代《杏庄太音续谱》（1560 年）。《琴学初律》说它"曲意深长，神情洒脱。而山之巍巍，水之洋洋，斧伐之丁丁，橹声之乃，隐隐现于指下，迨至问答之段，令人有山林之想"。乐曲通过渔樵在青山绿水间自得其乐的情趣，来表达对追求名利者的鄙弃。

《阳春白雪》是一首广泛流传的优秀的琵琶古曲。它以清新流畅的旋律，轻快活泼的节奏，生动地表现了春来冬去，万物复苏，一派生机盎然的初春景象。

《夕阳箫鼓》又名《浔阳琵琶》、《浔阳夜月》，是一首抒情写意的文曲。在琵琶演奏中，通过左手的推、拉、揉、吟等技法，不仅描绘出一幅清新秀丽的山水画卷，而且在近似鼓声、箫声及水波、桨橹声的陪伴下，那委婉如歌、富有江南田园情调的款款陈述，表达了意境幽远的情趣。此曲雅致优美，流传甚广，是琵琶曲中代表作品之一。1923 年，这首乐曲被上海大同乐会改编成丝竹合奏曲，更名为《春江花月夜》。至今，中国民族器乐合奏曲《春江花月夜》也是根据琵琶曲《夕阳箫鼓》改编的。

古曲《汉宫秋月》在近代曾以多种演奏形式在民间流传。曾作为同名的山东筝曲、二胡曲、琵琶曲演奏并被录制了音像制品。在演奏过程中，运用各自的艺术表现手段再创造，以塑造不同的音乐艺术形象。各种形式的演奏，旋律基本相同，乐曲较为抒情、细腻、凄凉婉转，表现出一种哀怨情绪。

古代琵琶曲《十面埋伏》是一首叙事性的多段体结构的传统大型武曲。它以我国历史上的楚汉相争为题材，以故事情节发展的陈述方式，描绘了公元前 202 年刘邦和项羽在垓下最后决战的情景。汉军用十面埋伏的阵法击败了楚军。项羽自刎于乌江，刘邦取得胜利。演奏者运用了琵琶特有的煞弦、绞弦、拼双弦等技法，通过丰富多变的节奏，生动、逼真地描绘了激烈的大战场面。刻画了"得胜之师"的威武雄姿，气势恢宏似"雄军百万，铁骑纵横，呼号震天，如雷如霆也"。

第二章

历　史

中华民族有着悠久的历史，五千年的文明博大精深，源远流长。历史是一面镜子，它鲜活、真切、有血有肉，让它成为亲切的叮咛，让我们一起重温先人的世界。

不做木偶人的郑成功

郑成功是我国明朝时候的一位民族大英雄。

他 15 岁那年，考中了秀才。可是他的父亲希望自己的儿子长大后当大官，那就必须考试中科举。按说郑成功学习刻苦，头脑聪明，考科举不会有问题。但他父亲还是有点担心，因此，就走后门，让别人冒充郑成功参加考试，认为这样就能十拿九稳了。郑成功一点儿也不知道这件事。

考试那天，他早早来到考场，可是考官告诉他："你父亲已经关照过了，你不必考了，签个名就行了。"

郑成功一听，这才明白，原来父亲早已用钱给自己打通了关系，要买官给他做，不由得十分生气，对考官说："我凭的是真本领！绝不做木偶人！这种作弊是犯法的！"

说罢，郑成功气呼呼地离开了考场。回到家中，他和父亲进行了激烈的辩论，最后，父亲承认了自己的错误。

后来，郑成功凭着自己的真本领，怀着对祖国的无限热爱，率领中国军民赶走了在台湾岛上的荷兰军队，收复了台湾，为后人留下了光辉的业绩。

古代著名陵墓

　　古时候，人们耗费大量的人力、财力和时间去为帝王、国君修建陵墓，陵墓建得越大就意味着君王的权势越大。世界上有许多著名的陵墓建筑，中国就不乏其数。比如，秦始皇陵、明十三陵、黄帝陵等。

　　秦始皇陵是中国历史上第一位皇帝秦始皇嬴政的陵墓，也是古代陵墓中号称"世界之最"的。秦始皇陵位于陕西临潼县骊山北侧的下河村附近，整个陵园分为内外两城，外城长方形，周长 6200 多米；内城为方形，周长 2500 多米。方锥形夯土陵丘位于内城南部，是陵墓的中心。秦始皇驾崩于公元前 210 年。在生前秦始皇是个独断专行的皇帝，他为了能使自己长生不老，派人到处寻找长生不老之药，这当然是找不到的。于是，他设想要把陵墓建造得极为豪华，要让自己死后也和生前一样风光，享有帝王拥有的一切。据史书记载，陵墓的地下宫殿修得和真正的宫殿一样，里面陈列着秦始皇生前喜爱的各种奇珍异宝，文武百官的塑像也按职位高低排列，与生前朝见始皇一样。地宫的顶上绘有星宿图，用明珠象征天上的日月，用水银象征地上的江河，"河"上还浮着用黄金做的野鸭。地宫中点着用鲸鱼油做成的火烛，使地宫照耀得如同白昼。另外，为了防止被挖墓盗宝，地宫宫墙用铜汁灌注，异常坚固，还装有弓弩机关，如有人进入墓内，弓弩便会自动放箭，把进来的人射死……1974 年以来，在秦始皇陵东侧发现了几个兵马俑坑，坑内埋藏着排列有序的陶制彩绘大型兵马俑，还有各种兵器和制作精美的铜马车。这些如真人真马一样的兵马俑身穿铠甲，军容整齐，栩栩如生，展现了秦始皇统一六国时强大的军事力量。秦始皇陵就像一座装满宝藏的宝库，不断给人以新发现。近几年，陵园内发现了大型寝殿群遗址，在陵园外城东北750米处发掘出一座有猪、羊、狗、鸡及鱼、鳖等动物的陪葬坑。这些新发现对研究秦始皇陵都有很重要的价值。秦始皇陵现已被联合国教科文组织列为世界文化遗产。

明十三陵位于北京北部昌平县境内的群山盆地中，包括长陵、献陵、景陵、裕陵、茂陵、泰陵、康陵、永陵、昭陵、定陵、庆陵、德陵、思陵，是公元1409～1644年两百多年间修建起来的明朝13个皇帝的陵墓。40平方公里的陵区山环水抱，宫殿楼角隐现在苍松翠柏之中，每一座陵背靠一座山峰，既有雄伟的地上陵园，也有精美的地下宫殿。十三陵中最有名的是长陵和定陵。长陵是明代第三个皇帝明成祖朱棣的陵墓，也是十三陵中修得最早、规模最大的陵墓，建于1409～1413年，距今近600年。定陵是明代第十四位（万历）皇帝明神宗朱翊钧和他两个皇后的陵墓，也是十三陵中唯一已于1956年被发掘出来的一座地下宫殿，里面出土了许多珍贵的文物。

黄帝陵，位于陕西黄陵县城北的桥山上，是传说中中华民族的祖先轩辕黄帝的墓。黄帝时代大约在公元前26世纪初的原始社会末期，黄帝是部落联盟的领袖。传说养蚕、舟车、文字、音律、医学、算术等发明创造都创始于黄帝时期。千百年来，中国历代皇帝都要到黄帝陵祭祖拜陵。现在，人们每年都要在黄帝陵举行祭拜活动，许多海外侨胞更是不远万里到黄帝陵来寻根祭祖。

鸿门宴上樊哙为什么吃生肉

　　樊哙，沛县（今属江苏）人。樊哙年轻时当过屠夫，靠杀狗谋生，后来随刘邦起义，成为刘邦手下一名将领。因为他臂力过人，打起仗来勇猛异常，刘邦很是喜欢他。

　　公元前206年，刘邦攻占秦国都城咸阳后，派重兵驻守函谷关。不久，项羽率领40万大军攻入，进驻鸿门（今陕西西安东北），准备消灭刘邦。刘邦听到这个消息后，吓得魂飞魄散，因为此时如果硬碰硬，打起仗来，刘邦还不是项羽的对手。

　　刘邦的谋士张良想出一个办法，请项羽的叔父项伯出面调解，说刘邦并没有称王打算。刘邦也带着张良、樊哙等人亲自到鸿门会见项羽，表示友好。

　　项羽见刘邦来求自己，满肚子气一下子就消了，他还留刘邦在军营里吃饭。这就是历史上有名的"鸿门宴"。

　　宴会上，项羽的谋士范增命项庄舞剑，想乘机刺杀刘邦。刘邦好几次都差点被刺中了，情况十分危险。

　　一直站在门外的樊哙听说了这件事后，大吃一惊，对其他人说："大事不好，主公有难！我不能让主公就这样被人杀掉。就是死，也要死到一块！"

　　说完，樊哙一手拿着盾牌，一手提着剑，硬冲了进去。进门以后，樊哙气呼呼地望着项羽，头发像要竖起来一样，眼睛瞪得圆圆的，连眼角都快要裂开了。

　　项羽见有人闯了进来，十分吃惊。他手按宝剑，问道："你是干什么的？"

旁边的人回答说："这是给刘邦驾车的樊哙。"

项羽松了一口气，夸奖说："好一个壮士！来，赏一杯酒给他。"旁边立即有人拿来一大杯酒。樊哙接过来，一口气喝光。

项羽又叫人拿肉给樊哙吃。旁边的人却拿了一只生猪腿给樊哙。

樊哙一点都不害怕，把盾牌摆在地上，再把生猪腿放在上面，一边用剑切肉，一边大口大口地吃起来。

项羽从没见过像樊哙这样敢吃生肉的人。他惊奇地问："壮士，你还能喝上一杯吗？"

樊哙气愤地回答："我连死都不怕，还怕喝酒吗？"他接着说，如果项羽这样乱杀好人，是要走秦朝灭亡的老路的。

项羽被樊哙说得不知如何回答，只好说："你请坐吧。"

这样，在樊哙等人的保护下，刘邦安全地离开了项羽的军营。樊哙在"鸿门宴"上救主的勇敢行为，也受到了后代的褒扬。

历 史

廉颇负荆请罪

廉颇是战国时期赵国的大将军，因为屡建战功，深受赵国国君惠文王的尊敬，称他是赵国的栋梁。各诸侯也都知晓廉颇勇猛善战，不敢轻易发兵攻赵。

赵国还有个文臣叫蔺相如，在赵国危难之时，以智慧和勇气挫败强秦的威吓。他的故事流传最广的有两个：一次是他受赵惠文王之命只身去秦国，挫败了秦昭王诡称以 15 座城池换取赵国国宝"和氏璧"的阴谋，"完璧归赵"的典故即出自于这里；另一次是赵惠文王与秦昭王在渑池相会，秦王戏弄赵王，逼赵王"鼓瑟弹曲"，随行的蔺相如挺身而出，迫使秦王"击缶奏乐"，捍卫了赵国的尊严。为此赵王对蔺相如很赏识，任命他为赵国的相国，地位比大将军廉颇还要高。

这样一来，廉颇不高兴了。他对手下的人说："我是赵国大将军，攻城略地，出生入死，立下赫赫战功，而蔺相如仅凭一张嘴，说了几句话，如今地位反而在我之上，况且他还是个出身低微的人，我屈居在他之下，感到羞耻。我如果见到蔺相如，定要羞辱他一番。"

这些话传到蔺相如的耳朵里，蔺相如每次出门，便有意躲开廉颇；还常常装病不上朝，不想和廉颇争地位高低。有一次，蔺相如外出，远远地看见廉颇的车队迎面过来，忙命令把车子赶到偏僻的小巷里躲避起来，蔺相如手下的人以为蔺相如惧怕廉颇，都很是不高兴。蔺相如解释说："强秦之所以不敢发兵赵国，就是因为有廉将军和我两个人的缘故。如果我和廉将军争斗，那就是两虎相争，结果必然是'两败俱伤'。到那时，强秦攻打赵国就容易多了。"听了这话，蔺相如手下的人豁然明白了。

廉颇也很纳闷，怎么蔺相如总是躲着我呢？怎么他总是装病不上朝呢？起初，廉颇以为蔺相如真的惧怕他。后来，他在朝上偶然听到别的大臣讲到蔺相如躲避他的原因，不由得一阵脸红，匆匆地回家了。

廉颇回到家里，越想越觉得自己不对，感到十分惭愧。于是，这个性格耿直、忠心为国的大将军立刻脱掉上衣，赤着上身，背着荆条，到蔺相如家登门请罪。他对蔺相如说："我是个没有见识、气量狭小的人，请您只管责打我吧！"说罢，他抽出背负的荆条，递给蔺相如。

蔺相如见他如此诚恳，深为感动，连忙扶起廉颇，说道："大将军坦荡胸怀，难能可贵啊！"从此以后，他们两人结成生死与共的朋友。很长时期内，秦国不敢出兵攻打赵国。

廉颇刚正直率、知错必改，蔺相如不记私仇、宽厚待人，两人留下了一场"将相和"的故事，被后世广为传诵。

孟姜女到底姓什么

你听说过孟姜女万里寻夫、哭倒长城的传说吗？这个传说是一件历史事实衍化而来的。据《左传》、《礼记》说，公元前550年，在齐国攻打莒国（在今山东莒县）的战争中，齐人杞梁（传说中谐音为"喜良"等）战死，杞梁的妻子"迎其柩于路而哭之衰"，也就是说，到路上去迎接丈夫的灵柩，哭得很伤心。后人就从杞梁妻"善哭其夫"上发挥了想象力，把故事从春秋下移到秦朝，并让她哭倒了长城。在《左传》的最早记载中并不知道杞梁妻的姓名，但在随后的传说中，人们便称她为孟姜女或孟姜。于是，后来人们便误以为她姓孟。为什么孟姜女不姓孟呢？这还要从先秦时代的姓氏的用法说起。

上古时代，有姓又有氏，姓与氏是既有联系又有区别的。姓是一族的称号，如商人的祖先是子姓，周人是姬姓，秦人是嬴姓。"姓"字由"女"和"生"组成，上古诸姓也多含"女"的偏旁，例如姬、姜、姚、嬴等。说明姓的产生与人类婚姻形态有密切关系，它是母系氏族社会中的族外婚的产物。而原先同姓的族，由于子孙繁衍，分为若干分支散居分地，每一支各有特殊的称号，这就是氏。例如，秦人祖先的后代分为十四个分支，秦始皇是嬴姓赵氏，也就是说，他是嬴姓中赵氏分支的后裔。在先秦时期，姓与氏有不同的作用。姓是用来"别婚姻"的，氏是用来"明贵贱"的。因此，女子称姓，男子称氏。女子称姓，为了使她有一个显而易见的标志，不至于与自己同姓（同族）的男子发生通婚关系。因为男女同姓必出于同一血缘，这样的婚姻"其生不蕃"，当时之人已认识到近亲结婚对后代的危害了。这就是女子称姓以"别婚姻"的作用。至于男子称氏以"明贵贱",可以举孔子为例。孔子名丘,字仲尼,他是宋国始祖微子的后代,而微子是商纣王的同父异母的哥哥,因此微子与孔子都应是子姓。但是,子姓即使在西周封国的宋国中也已繁衍出不少分支了,孔子则出自宋人公孙嘉一系。嘉字孔父,他的后人以字为氏,这一分支就以孔为氏了。所以,严格地说,孔子是子姓,孔是他的氏,而人们一看他的氏,就知道他是公孙嘉的后裔,这一支在宋国子姓中的地位高低也就一清二楚了。秦汉以后,以氏为姓已成为一种趋向,姓氏逐渐合一,不再像先秦时代那样姓、氏分用了。因此,后人习惯上也就说孔子姓孔。

乾隆身世之谜

我国民间有一个流传很广的传说故事："凤换龙"。据说，这也是乾隆皇帝出生的秘密。其实，这个故事很简单：清朝正史中记得很明白：乾隆皇帝出生于北京的雍亲王府（现在的雍和宫），是雍正皇帝的第四个儿子。

那么"凤换龙"是怎么回事呢？

据说乾隆的父亲雍正皇帝和一位姓陈的大臣很合得来，而皇后也和陈夫人很要好。后来，皇后和陈夫人同时生了孩子，皇后生的是女孩，陈夫人则生了男孩。古时候，只有男孩才能继承父亲的皇位，因此皇后很伤心。这时一个仆人出了坏主意：用皇后生的女孩去换陈夫人生的男孩，然后宣布皇后生的是男孩。皇后觉得这个主意不错，就骗了陈夫人，悄悄地把两个孩子作了交换。皇后换来了儿子，可高兴了，陈夫人一家知道被骗了，却不敢说出来，只好一家辞官，回到家乡海宁。陈夫人生的这个男孩，就是乾隆皇帝。

这一段"凤换龙"的故事和北宋时"狸猫换太子"故事情节相似，被后人添油加醋，渐渐地成了清宫的一大疑案。

乾隆皇帝真是换来的吗？其实不是，他是雍正皇帝的第四个儿子，也是康熙皇帝最喜爱的孙子。再说，在封建社会皇帝和皇后住的地方，一般人想看看都不可能。怎么能随便抱着小孩子出出进进呢？清朝有一个很严格的制度，旗人（满族人）生了小孩一定要报告，就好像现在小孩生下来必须报户口一样，"凤换龙"的说法没有任何根据。

有人说乾隆皇帝六次到江南，其中四次都到海宁陈家，就是为了去见亲生父母。

实际上，乾隆皇帝活了 89 岁，统治中国长达 60 年，是清朝一位著名的皇帝。他在统治前期，完成了我国多民族国家的统一。社会的经济、文化都更加发达，形成了中国历史上著名的"康乾盛世"。

乾隆皇帝不仅治国有方，而且多才多艺，擅长书法，兴趣广泛，尤其喜欢山水园林风景，自称"十全老人"，是一位有名的"风流天子"。他六次下江南，并不是为了去认亲生父母，而是为了游山玩水，以及视察海塘水利工程；而且根据史料证明，海宁陈家是因为被革职才返回家乡的，根本谈不上"凤换龙"。因此，清宫"凤换龙"的疑案是后人编造的，历史上根本没有这回事。

秦始皇为何要焚书坑儒

秦王朝以前，中国还不是一个统一的国家，有许多诸侯并存。其中，比较著名的有齐、楚、燕、赵、韩、魏、秦，号称"战国七雄"。秦国最后一个王嬴政继位后，在秦国强大的基础上，顺应了社会发展的要求，完成了统一大业。从公元前 230 年开始，先后灭掉了韩、赵、魏、楚、燕、齐六国，建立了我国历史上第一个封建大帝国。嬴政，称为始皇帝，后人称之为秦始皇。他进行了一系列的改革，其中最重要的是加强了中央集权，用郡县制替代落后的分封制。这在当时是具有进步意义的，对后世也有很深远的影响，自秦以后的历代封建王朝，都采用了这一体制。

但是，在郡县制刚刚开始施行的一段时间内，遭到了很多人的反对。公元前 213 年，秦始皇在咸阳宫设盛大宴会，大臣们纷纷上前祝酒，大臣周青臣赞扬秦始皇统一天下的功德和实行郡县制的好处。在座有一个叫淳于越的博士，他是主张继续实行分封制的，对周青臣的话十分反感，当即就向秦始皇提出了不同的意见。这时丞相李斯起身对秦始皇说："有些读书人，总觉得现在的制度没有古代的制度好，到处造谣惑众，利用古书上的记载来攻击现行的国家制度，这种情况如果不禁止，对陛下的统治不利。"秦始皇认为李斯说的有道理，便采纳他的建议，下了一道"焚书令"，规定除了秦国的历史书，以及博士官掌管的国家图书和医药、算卦、种树一类的书籍外，私人收藏的各种书籍，一律焚烧。如果不执行，将受很重的处罚。焚书令下达后，各地都积极行动，焚烧了许多珍贵的古书。

秦始皇焚书，使那些儒生和方士们更加恨他，反对他。公元前

212 年，有两个替秦始皇找仙药的方士卢生和侯生在一起大骂秦始皇，说他刚愎自用，用残酷的刑罚治理天下，像这种人，就不该给他寻找长生不老的仙药。经过一阵商量，他俩就带着从秦始皇那里骗来的大量钱财逃跑了。秦始皇发现后大发雷霆，马上下了一道命令，追查那些诽谤自己的读书人，结果在咸阳城里抓了许多儒生。这些人经不住拷打，为了开脱，就互相告发。秦始皇在盛怒之下，亲自圈定活埋了 460 人。

以上两件事，就是历史上著名的"焚书坑儒"。秦始皇的"焚书坑儒"，摧残了文化、压制了人们的思想，对后世产生了很坏的影响。

为什么娥皇、女英同嫁一夫

关于湘妃竹，有这样一个美丽凄凉的传说：上古帝尧把两个女儿娥皇、女英嫁给舜做妃子。舜去巡视四方的时候死在苍梧之野。娥皇二妃追赶到了洞庭湖滨，听说舜已死去而望南痛哭，眼泪滴到竹子上，就变成斑斑点点的斑竹了。后来二妃投湘水而死化为湘水女神，斑竹又被人称作湘妃竹了。

当我们被这个古老的爱情故事深深感动的时候，或许心中会闪过一丝疑问：为什么娥皇姊妹俩要同嫁给舜呢？要解释这个问题，就必须回顾一下在人类婚姻史上曾出现过的"媵制"了。

什么是媵制呢？即与长姊结婚的男性有权把她达到一定年龄的妹妹同娶为妻。一个女子出嫁，她的同姓的妹妹（娣）和侄女（侄）、奴仆都要随嫁。这些随嫁的人统称为"媵"。媵不是正室嫡妻，但地位比妾要高一些。媵制的起源很早，它是原始社会的氏族外婚向对偶婚演变过程中的一种过渡形式。知道了媵制后，我们就可明白娥皇姊妹同嫁一夫正是媵婚，姐姐娥皇为妻，妹妹女英为媵。

我国的春秋时期，各诸侯国的统治者们还实行媵婚。《诗经·豳风·七月》中，写了一群采桑的姑娘，因害怕自己被女公子带去陪嫁而心里悲伤。这从侧面反映出了那个时代的婚姻风貌。

古代的媵既可指随嫁的女子，也可指随嫁的男性奴仆。据说古代的贤臣伊尹、百里奚就是这类"媵臣"。

进入战国以后，社会经济基础发生了重大变革，媵制也就逐渐没落了，但在后世的婚俗中还有它的残余。南唐后主李煜在王后周氏死后又续娶了她的妹妹，史称大小周后。这种妻死续弦妻妹的婚俗就是媵制的遗风。另外，还有陪房丫头，如《红楼梦》中凤姐的陪房丫头平儿，也是源于媵婚的。

在先秦时期，除了媵制，还有一种妾制。妾制的出现比媵制稍晚。妾原是服劳役的奴婢。它的来源是被掠夺的女奴、罪犯的妻女和贫苦人家出卖的妻女。有色艺的妾可以得到主人的宠幸，被称为"宠妾"、"嬖妾"或"爱妾"。后代的宫女、富家的姬妾都是先秦妾制的余脉。在妾中有倡伎一类人，她们往往凭着自己的色艺一跃而为后妃。如汉武帝的卫子夫、李夫人，汉成帝的赵飞燕。但一般的妾的地位是低下的，不能与门当户对的嫡妻正室相比。例如，《红楼梦》中的赵姨娘就不是"正头的主子"，连她的亲生女儿探春都不能叫她娘，只能叫她姨娘。

历 史

为什么古人尊称对方为"足下"

　　在古代，臣下称君主，或同辈互称，都可以用"足下"这个称呼。如战国时著名的军事家乐毅，本是魏国人，出使燕国时，被燕昭王留下任大将。他为燕昭王报仇雪耻，率领燕、赵、楚、韩、魏多国联合部队伐齐，获大胜，攻占齐国七十多座城池。但燕惠王继位后，中了齐国的反间计，将他撤职审查。乐毅害怕被杀，就逃走。后来，他写信给燕惠王解释这件事说："恐伤先王之明，有害足下之义，故遁逃走赵。""先王"指燕昭王，"足下"指燕惠王。又如，项羽在鸿门（今陕西临潼东鸿门堡村）宴请刘邦，项羽谋士范增示意项羽堂弟项庄舞剑助兴，乘机刺杀刘邦，情况危急。刘邦托词上厕所，离开筵席。为了拖延时间，留下张良周旋，自己抄小路回到灞上军营。刘邦离开鸿门宴以后，张良给项羽和范增送上礼物时说："沛公（刘邦）喝醉了，谨使臣良奉白璧一双，再拜献大王足下；玉斗一双，再拜奉大将军足下。"这都是臣下称君主或下级称尊长为"足下"的例子。《史记·季布列传》载：季布有一位老乡，名叫曹丘，曹丘要求与季布交朋友，并解释说："我是楚地人，足下也是楚地人，我和足下结为朋友，把足下的名声传播到四方，这对足下有什么不好呢？"这是同辈以"足下"相称的例子。

　　不管是下称上，还是同辈互称，"足下"一词都明显地带有敬意。

　　那么，为什么尊称对方要用"足下"一词呢？

　　据刘敬叔《异苑》卷十记载：晋文公重耳流亡在外时，有一大批人忠心耿耿地追随他，介之推就是其中之一。后来，重耳返回晋国登上国君宝位，就大封功臣。但介之推却不要官位俸禄，逃到山上隐居。晋文公再三派人上山邀请，介之推还是拒不接受。晋文公就命令放火烧山，想通过这个办法把他逼下山，谁知介之推抱着一棵树不放，结果被烧死了。晋文公非常悲伤，就下令把这棵树砍下一段给他做了双木屐以示纪念。之后，每当他看到木屐时就要感叹："悲乎，足下！"从此，"足下"就成了尊称。

《异苑》的这种解释十分有趣，但一般人并不同意这种说法。《史记·秦始皇本纪》的注释中引述了东汉蔡邕的另一种说法，更为可信。蔡邕说："足下"和"陛下"、"左右"、"侍者"等一样，都是表示极度尊敬的一种套语。古人在君主或尊长面前说话做事都要毕恭毕敬，为了表示这种尊敬，不敢正眼平视、不敢直呼其名，不敢直接对话，只能请君主、尊长的左右卫士或手下侍者，或"陛下"（台阶下）卫兵转达意见。后来，就以"左右"、"侍者"、"陛下"、"足下"来代称对方了。

与"陛下"、"足下"相似的尊称还有"殿下"、"麾下"、"阁下"等。"殿下"本来也是对天子的尊称，但汉代以后就演变为对太子、亲王的尊称了。唐代以后只有对皇子、皇后、皇太后才可以称为"殿下"。"麾"本指古代军队中的旗帜，"麾下"是对将帅的尊称，因为将帅身后一般都高举着一面大旗。"阁下"本是对古代大官如三公宰相的尊称，因为他们可以自己设置馆阁召集智囊人物帮助出谋划策，后来一般的刺史太守镇守一方，有权开阁收罗人才，因而也就可称为"阁下"了。到唐代，尊称下移，一般老百姓互称也可用"阁下"这一敬语了，现代书信中仍保留着这种用法。

与以上尊称相关又略有区别的是"膝下"。因为子女幼年时常在父母膝下嬉戏活动，所以子女称呼"父母大人"时在后面加上"膝下"两字，用来表示尊敬。

至于"在下"一词则不是尊称，而是谦称，不是称人，而是称己。古人座位排列也具有严格的尊卑意识，尊者在上座，卑者在下座，因而人们自我谦称时就叫作"在下"了。

历史

为什么汉景帝要杀晁错

晁错是西汉景帝时一位足智多谋的大臣，景帝做太子时，他曾任管理太子府事务的太子家令，他办事井井有条，很有才干，因而深得时为太子的景帝赏识，被称为"智囊"。汉景帝即位后就任命他为御史大夫。他坚持"重本抑末"（即重农轻商）的政策，反对土地兼并，并主张招募百姓充实边塞，防御匈奴入侵，为"文景之治"的出现做了很大贡献。

可是，这样一位处处为皇家利益着想的人，最后却被景帝杀了，这是为什么呢？

原来汉朝虽然实行的是郡县制，但又分封了很多诸侯国，这些诸侯全是汉高祖的子孙，它们势力大，土地多，光齐、楚、吴三国的封地就占全国土地的一半。这些诸侯王在国内征收租赋，煮盐铸钱，跟汉朝皇帝一样富有。它们还招兵买马，与中央政权尖锐对立，成为中央集权制统一国家的严重威胁。晁错见到这种情况，就劝说景帝采取措施削弱和限制诸侯王，加强皇帝的权力。景帝接受晁错削藩的建议，着手削减了一些诸侯的封地。这自然引起了各诸侯王的不满，他们对晁错恨之入骨。

在吴王刘濞的带动下，公元前154年，吴、楚、赵、胶西、胶东、济南、淄州七个诸侯王打着"惩办奸臣晁错"、"请诛晁错，以清君侧"、"救护刘氏江山"的幌子，发动叛乱。叛军气势汹汹地向长安进发，使景帝吓破了胆。这时一向妒忌晁错的大臣袁盎趁机向汉景帝说："七国叛乱，全是由于晁错削藩引起的。如果按七国的要求，杀掉晁错，恢复他们原来的封地，他们就会撤兵了。"接着一些大臣也附和着说晁错该杀。景帝想，那些诸侯王是自己同一个祖先的亲戚，而晁错不过是个大臣而已，于是说："如果真能够像你们说的那样，杀掉晁错就可退兵，我自然不会因爱惜晁错而让天下人受罪。"为了保住自己的皇位，他下令杀掉晁错。

这一天，中尉来到晁错家，说皇帝要他上朝商议国事，晁错没有迟疑地同中尉上车就走了。谁知，车行过长安东市时却停了下来，中尉宣读景帝下令杀晁错的诏书后，就把晁错腰斩了。可怜晁错一心为皇家的江山社稷打算，最后却落得这样的下场。

景帝杀了晁错后以为七国就会退兵，谁知七国根本没有退兵的意思。有位参加平定七国之乱的官员名叫邓公，他到长安向景帝报告军事情况，景帝问他："你才从军营回来，是了解情况的，吴楚听说我已把晁错杀掉后愿不愿意退兵？"邓公回答说："不会退兵的。吴楚为了造反已经准备了几十年了，这次反对削地呀、要杀晁错呀，都不过是叛乱的借口。陛下你错杀了晁错，你这么一来使亲者痛、仇者快呀！以后恐怕没有人敢给你出主意了。"景公这才明白自己杀晁错是犯了一个大错误，但后悔也没有用了。

历 史

为什么华佗被称为"神医"

华佗是东汉末年沛国谯（今安徽亳州市）人，是我国历史上著名的医学家。他勤奋好学，学识非常渊博，精通内科、外科、妇产科、小儿科和针灸科等，尤其擅长外科手术。他不贪图功名利禄，四处为人看病，他的足迹遍及现在的安徽、江苏、山东、河南等地，给人们治好过不少疑难杂症，深受人们的爱戴。有关他为人治病的记载和传说很多。

有一次，府吏倪寻、李延都得了头痛、发烧的病，华佗给他们诊断后，给倪寻开了泻药，给李延开了发汗的药。两人照华佗开的药方服了药，第二天病就好了。他们去问华佗："我们都是头痛、发烧，为什么吃的药不同呢？"华佗对倪寻说："你的病根在于内脏有火，所以要用泻药。"对李延说："你是外感风寒，所以用的发汗药。"二人听后非常信服。

又有一次，广陵太守陈登生了病，胸中烦闷、脸色发红，吃不下东西。华佗被请来给他看病，华佗诊脉后对他说："你一定是吃没煮熟的荤腥东西，所以肚子里有虫子。喝了我配的汤药就好了。"果然，陈登喝了药后一阵呕吐，吐出许多红色小虫子，他的病也全好了。

有一位将军的妻子生了重病，脊背疼得厉害，于是请华佗来看病。华佗诊过脉说："这是因为腹中的胎儿受了伤的缘故。"将军听后说："胎儿是受过伤，但胎儿早已生出来了呀！"华佗说："根据她的脉象看，胎儿还在腹中呢。"将军不相信，就把华佗送走了。又过了一些日子，病人的病更加严重了，只好又把华佗请来。华佗仔细诊过脉说："原来是双胞胎，生第一个孩子时失血太多，使第二个孩子生不出来，死在腹中了。"华佗给病人针灸和服了药后，又找来一个接生婆，照他说的方法，果然取出了一个死胎。

华佗除了在内科、妇科方面有很大的成就外，他最擅长外科。他发明了用全身麻醉的方法进行外科手术，是世界上第一个用全身麻醉的医生，比外国早了一千多年，这是十分了不起的。他发明的麻醉药"麻沸散"，在手术前叫病人用酒冲服，等病人失去知觉后再进行手术，减少了病人所受的痛苦。

华佗还十分重视锻炼身体，预防疾病，保持健康。他根据前人的导引术（一种锻炼身体，延年祛病的方法），模仿虎、鹿、熊、猿和鸟类五种动物的动作姿态，编制了一套名叫"五禽戏"的健身体操。这套体操能有规律地活动全身的肌肉、筋骨、关节，锻炼全身各个部位，每天坚持做就能增加体质，延年益寿。

正是由于华佗医术高超，技术纯熟，人们都尊敬地称他为"神医"。

为什么皇宫的大殿叫金銮殿

现在北京故宫的太和殿（明初称奉天殿，后改称皇极殿），是明清皇宫中的正殿，人们把它称为金銮殿，是明清皇帝举行典礼的地方。

金銮殿原是唐朝大明宫紫宸殿西北的偏殿，并不是正殿，殿旁有坡叫金銮坡。李白曾有诗写道："承恩初入银台门，著书独在金銮殿。"金銮殿又简称"金銮"。由于旧戏曲小说多以金殿指皇帝的正殿，久而久之，约定俗成，人们便以金銮殿称呼皇宫中的正殿了。

太和殿，我们姑且不说它用其高（殿高 26.92 米，三重台基高 8.13 米）来展示至高无上，单说它的内外装修，就已向人展示了这里是"金"的世界。太和殿的窗叫金锁窗，窗边接榫处用镌刻着精巧花纹的鎏金铜叶加固。门叫金扉，门的群板上雕有金龙图案。殿内在七层台阶的高台上有镂空金漆的宝座和屏风，上面是张牙舞爪的金龙。宝座上方是金漆蟠龙吊珠藻井，宝座周围拥立着六根沥粉蟠龙金柱，直抵殿顶。梁、楣和天花板都用沥粉贴金双龙和墨彩画。就连地上铺的砖，也称做金砖，据说砖内有金砂。金銮殿真是金碧辉煌，巍峨壮观，充分显示了皇权的威严。

在殿外的丹陛上，陈列着日晷、嘉量、鼎式炉、铜龟、铜鹤，它们是象征吉祥的陈设品。殿前还有一对"钩爪锯牙"、威武勇猛的狮子，象征着权力和威严。

历 史 🔍

为什么会发生"安史之乱"

"安史之乱"是由于唐朝中央和地方势力发展不均衡，以及政治腐败造成的。

唐朝从高宗时候开始，在边疆驻扎了很多军队。到了玄宗统治的前期，为了加强边防，又在边境很多重要地区设立军镇。军镇管辖几个州，主将叫"节度使"。节度使起初只管军事，后来兼管任免官吏和税收，权力很大，和宰相地位相近。那时，边境的10个节度使一共拥有军队49万人，而中央禁军不过12万人。

唐玄宗统治的后期，政治十分腐化。他宠爱杨贵妃，终日沉湎于酒色声乐之中，不理朝政。宰相李林甫和杨贵妃的哥哥杨国忠把持朝政，干尽了坏事。

当时，一身兼任平卢、范阳、河东三镇节度使，有15万人军队的安禄山看到唐朝中央政治腐败，内地兵力空虚，玄宗整日在宫中饮酒作乐，认为有机可乘，预谋反叛，夺取唐朝天下。他一面常常向玄宗进贡财物，骗取信任；另一面却暗中招兵买马，准备叛乱。

公元755年冬天，安禄山带领军队15万人，以讨伐杨国忠为名，从范阳起兵。唐朝内地多年没有战争，很多州县无兵可用，临时招募的新兵不会打仗，地方官吏只得逃跑或投降。安禄山的军队长驱南下，很快渡过黄河。不过三个月的时间，安禄山占领了洛阳，自称大燕皇帝。接着，叛军攻占潼关，逼近都城长安，玄宗只得带着达官显贵和嫔妃们仓皇逃往四川。在路上，士兵哗变，杀死了杨国忠，并要求惩办杨贵妃。玄宗无奈，只得派人将杨贵妃勒死。

叛军一路烧杀抢掠，非常残暴，遭到人民的坚决抵抗。同时，唐朝一些地方官也起来反抗。叛军四面受敌，内部争权夺利不断加剧。757 年正月，安禄山被他的大儿子安庆绪杀死。

唐政府为剿灭叛军，调派郭子仪、李光弼等率领各地节度使的军队，并向回纥、西域借兵，终于收复了长安、洛阳，安庆绪被迫退到河南安阳。安禄山的大将史思明，也暂时投降了唐朝。758 年，史思明又起兵反唐。他杀死安庆绪，自立为皇帝，不久，又被儿子史朝义杀死。叛军内部分裂，势力减弱。到了 763 年，战争才告结束。这场长达 8 年之久的战争，被称为"安史之乱"，它是唐朝由盛转衰的转折点。

为什么屡遭毁禁的《水浒传》能流传到今天

　　明代施耐庵的《水浒传》问世以后，不仅在广大普通群众中有着经久不衰的吸引力，而且在一代又一代知识分子中，也有着巨大的魅力。它所描写的权豪当道，黎庶遭殃，"不肖处上，大贤处下"的公道不彰的黑暗事实，不仅在仕途失意的读书人心中容易引起共鸣，而且对某些官场得意的知识分子，也能唤起他们的忧患意识。它的精彩纷呈的艺术描写，更获得了知识阶层异口同声的倾心赞赏。明清两代的李卓吾、汪道昆、胡应麟、袁宏道、金圣叹、王士祯、章学诚等一大批著名文人，都有不少公开推崇《水浒传》的言论。其中那些思想特别开放的人，如李卓吾、袁宏道等，更大胆颂扬《水浒传》的文字比《六经》、《史记》更为高明。这些人都是声望卓著、为世人瞩目的俊杰之士，他们的热情称许和宣传，无疑对社会心理、社会审美情趣都有着强烈的影响，从而大大强化了《水浒传》的社会渗透力和传播力。明清两代的书商为了牟利赚钱，也就利用对《水浒传》的普遍的社会需求和由文人学士带来的舆论优势，大肆印卖，有时使《水浒传》多到"家置一编，人怀一箧"的地步。

　　由于《水浒传》自身思想内容相当复杂，它既生动又深刻地通过梁山好汉的犯上作乱，表现了官逼民反的现实；也写了宋江等人心怀忠义，不忘朝廷，接受招安，为朝廷出力卖命等事实，所以封建统治者对《水浒传》的态度也常常变化不定。当他们把审视的目光主要投向《水浒传》的忠义一面时，便对《水浒传》加以宽容、开放，清代宫廷甚至曾经把《水浒传》改编成《忠义镟图》的连台大戏上演；当他们把审视目光投向犯上作乱的一面时，又严令禁毁。但禁令虽严，岂能毁尽流传已广的天下之书？何况逆反心理，人多有之。禁令的刺激，反而增强了某些人的阅读兴趣。这就使《水浒传》多了一些生存的机会。当严禁的高潮一过，一时被打入十八层地狱的《水浒传》，又在较为宽松的环境中更为广泛地传播开来。因此，《水浒传》虽然屡遭禁毁，却仍然能够流传到今天。

为什么人们把百里奚叫作"五大夫"

百里奚，春秋时秦国大夫。其实，他原来本是虞国大夫。那么他是怎样成了秦国的大夫呢？

百里奚小的时候，家里很贫穷。为了生活他不得不开始过着乞讨要饭的日子。他前后到过许多国家。他一边沿途乞讨，一边了解各国的状况，这使他长了不少见识。后来，在他 70 多岁的时候，受到了虞国国君的赏识，当上了虞国的大夫。

可是没有多久，虞国被灭亡了。他和虞国国君都成了晋献公的俘虏。

晋献公的女儿嫁给秦穆公时，可怜的百里奚就作为"陪嫁"被送给了秦国。后来百里奚又费了好大的劲儿从秦国逃了出来，他跑到楚国，可是倒霉的百里奚又被楚国边民抓住了。

春秋时，地处关中一带的秦国是西方的一个大国。秦穆公在位，国势更是日渐强盛。秦穆公是个很有作为的国君，很善于发现、使用人才。他知道百里奚是个很有才干的人。当他听说百里奚被抓的消息，一点也不因为百里奚是个俘虏，名微身贱而嫌弃他，马上派人用五张黑羊皮把百里奚从楚国人手里赎了回来。

在秦国，秦穆公像对待上宾一样迎接百里奚。平时，每有大事，秦穆公也常常把百里奚找来，同他共同商讨。百里奚被深深感动了，他惴惴不安地对秦穆公说："我是个低贱的亡国的俘虏啊，哪里担当得起您这样地厚待我呢？"秦穆公听罢连忙向百里奚解释说："我很了解你。你过去是虞国的大夫，但虞国国君没有很好地任用你。虞国的灭亡，怎么能是你的过错呢？"

就这样，两人在一起接连谈论了三天。秦穆公很赞赏百里奚的各种见解，百里奚也暗自为自己遇到明君而高兴。很快，百里奚就被秦穆公任用为秦国大夫，执掌国政。

百里奚在秦国帮助秦穆公七年，鞠躬尽瘁，为秦穆公建立霸业立下了汗马功劳。

因为百里奚是秦穆公用五张黑羊皮换来的，所以人们都把他称作"五大夫"。

历 史

为什么人们称李广为"飞将军"

李广是汉朝时一位富有传奇色彩的将军。他骁勇善战,擅长骑射,才智过人,天下无双。他一生历经汉朝文、景、武帝三朝,文帝时他就做了将军;景帝时,他同周亚夫一起平定了七国叛乱,立了大功。在抗击北方匈奴入侵的斗争中,他参加了大小70余次战斗,留下了许多颇富传奇色彩的故事。

有一次,匈奴进犯上郡地区,李广带着一百多名骑兵去追赶三名匈奴射手,一连追了几十里才追上,射死其中的二人,活捉了一人,正当他们准备回营时,远远望见有几千名匈奴骑兵赶了上来,情况十分危急。李广毫无惧色地对慌了神的士兵说:"我们离开大营有几十里地,如果现在往回跑,一定会被匈奴兵追上。我们不如干脆停下来,假装是来引诱他们进埋伏圈的,他们就不敢来打我们了。"于是李广一行人马在距离匈奴兵两里地的地方停下来休息,匈奴兵怕他们有埋伏,只远远地看着不敢上前。这时,李广发现匈奴队伍中有一位骑白马的将军在视察地形,就带着十几名骑兵,飞奔到敌人近前,射死了那名将军后,又回到原地休息。天渐渐黑了,匈奴兵认定汉军在附近有埋伏,就撤走了,李广这才带着士兵回到大营。

又有一次,汉武帝命李广等四位将军分四路去抗击匈奴兵马。匈奴军队认为四人中最难对付的是李广,就把大部分兵力集中在李广驻守的雁门一带,并设下圈套,要活捉李广。由于敌众我寡,李广不幸兵败被俘。匈奴人见他受了伤,就用绳子编成吊床,让他躺在里边,然后将吊床挂在两匹马中间,准备送到单于那里报功请赏。

李广临危不惧，瞧准近旁一名士兵骑的好马，便猛地一跃，推下士兵，夺了弓箭，跃上马背，没命地向南飞奔，终于摆脱了敌人的追赶。

李广精通箭术，打仗时，他总是等敌人到了有效射程内才放箭，所以他箭无虚发。

那时李广镇守的右北平一带，经常有老虎出没伤人。有一次，李广傍晚时回营，猛然发现前面山脚下的草丛里蹲着一只巨大的老虎。他连忙搭弓射箭。手下的士兵见他射中了老虎，就拿着刀枪跑过去捉虎，走到近前一看全愣住了，原来，李广射中的并不是老虎，而是一块巨石。他的箭射得非常深，几个人想拔也拔不出来。

李广一生正直廉洁，做了40年官，家中却没存下什么钱。他对部下体贴关怀，每次得到赏赐，必定分给部下。作战时，他奋不顾身，一马当先；遇到困难他又吃苦在前。有时行军途中粮断水绝，如果找到水源和食物，他总是让士兵喝够、吃饱后，自己才吃、才喝，因此他深得部下的拥戴。他多年如一日地在边防镇守，行踪不定，忽东忽西，使匈奴人非常害怕，因而称他为"飞将军"。

为什么说李林甫是唐代大奸臣

李林甫出身于宗室，是唐高祖李渊堂弟李叔良的曾孙。靠着这优越高贵的血统关系，加之他又善于施展花招，耍两面派，终于在公元 742 年当上了唐朝宰相。

他身为宰相，学问却极低，居然还常念、写错别字。一次，他妻子的弟弟姜度得了个儿子。他前去祝贺，并当着众人的面手书一条幅，还得意地对姜度大声念道："恭贺你有弄獐之喜。"在古代，生了男孩叫"弄璋"，"璋"是一种美玉，意思是祝小孩长大后成名做官，身佩美玉。而"獐"是一种野兽。他这一错，等于是骂姜度的妻子生了个畜生。客人们看了条幅都偷偷地笑，姜度被气得脸上红一阵白一阵，苦不堪言。

李林甫自己没本事，而对有才华的人却嫉妒得两眼发红。有个叫李适之的人曾与他一同做宰相，此人坦荡随和、办事干练。李林甫总怕他跟自己争权，就想陷害他，于是设了个圈套：一天，李林甫对李适之说："最近听说华山有金矿，要是开采出来，朝廷就更加富裕了。可惜皇上还不知道此事。"李适之耿直爽快、缺乏心计，回家后就写了奏书，请求玄宗批准开采华山金矿，以使国家富足。等皇上找来李林甫商量时，他却变了个腔调说："这事我早就听说了。可一想到华山是皇家的根本所在，那里有帝王之气。要是在那儿开采，就会破坏了王气，动摇了皇家的根本，金子再多，也不能开采呀！所以我一直没敢向您启奏。"玄宗被他的花言巧语迷惑住了，反觉得李适之对自己不忠，渐渐地疏远了他。李适之这才明白吃了哑巴亏，他怕遭李林甫进一步陷害，就自动辞职了。李林甫又给他加上别的罪名，把他贬到很远的地方。第二年，李林甫派亲信到各地去杀害他的仇人。李适之得到消息，不愿受侮辱，就服毒自杀了。而李林甫还要斩草除根，便叫人把李适之的儿子活活打死了。

李林甫还常利用别人的矛盾，从中挑拨，以致让别人互相残杀，从而达到剪除异己的目的。有个御史大夫名叫裴宽，很受皇上重视，李林甫怕他日后会当上宰相，一心想害他。机会来了：有个刑部尚书叫裴敦复，他去东南沿海讨伐海贼班师回朝后，上表报战绩时，浮夸军功，为自己邀官请赏。裴宽知道了，立即上疏玄宗，弹劾裴敦复犯了欺君之罪。李林甫抓住裴敦复易被激怒的性格，就在暗中向他透露了此事。果然，裴敦复一听就蹦了起来，大骂："裴宽是何东西，他还托我为其亲友邀功呢！"在李林甫的拨弄下，裴敦复连夜上书，反告裴宽一状。同时用500金重礼买通了宫里的人作为内应。就这样，裴宽反被贬职。李林甫仍不死心，就派人去结果裴宽的性命，只因裴宽拼命叩头求饶，才得免一死。

而裴敦复呢？因讨海贼有功，受到玄宗宠信，这又引起李林甫的嫉恨。第二年，李林甫假意给裴敦复请功，请求皇上派这样能干的人到岭南做官，去管理少数民族事务。裴敦复根本不愿意到那么偏远的地区去吃苦，一心想在长安，于是迟迟不到广州上任。结果正中李林甫的奸计。李林甫慢条斯理地向玄宗陈述："裴敦复接到圣旨，却很久不去执行，恐怕是有违君命啊！"于是玄宗下令把裴敦复贬为淄川（今山东淄博市）太守，赶出了长安。

李林甫就这样，一边靠阿谀奉承博得皇帝的宠信，一边又极力掩饰他的阴险、狡诈毒辣。表面上，他装得十分厚道、和善，对人说话时满嘴的甜言蜜语，让人感到他是个大好人。实际上他无时无刻不在暗算着别人，设计着一个又一个圈套。所以人称李林甫是"口有蜜，腹有剑"的杀人不见血的唐代大奸臣。

为什么我国古代的一些皇帝想做神仙

　　皇帝拥有天下。所谓"率土之滨，莫非王臣"，一切官员和老百姓都是他的臣民，他可以随心所欲、为所欲为，享尽一切荣华富贵。

　　例如，秦始皇，他统一了天下，做了中国的第一任皇帝。他辟上林苑，建阿房宫，修万里长城，到各地巡游……他还想干什么？还想当神仙。

　　难道当神仙比当皇帝还舒服吗？那倒不一定。不过神仙可以长生不老啊！皇帝虽然舒服，然而一天天胡子和头发变白了，脸上皱纹多起来了，行动也感到吃力了。这样下去，不也得跟老百姓一样寿终正寝吗？于是他就想当神仙了。

　　据说轩辕黄帝就是乘着龙白日飞升的。虽然没人知道他上天以后又怎样，可是既然到了天上，总可以长生不死了吧！正好有方士来了，他们花言巧语，说海上有"三仙山"，那儿四季常青，仙人们永不衰老，这使秦始皇不胜向往。他亲自跑到琅邪（古县名，今山东胶南县琅邪台西北，濒临黄海），眺望浩渺的大海，然而却不见仙山的影子。可是在方士嘴里，仙山是连名字都有了的，什么蓬莱、方丈、瀛洲，说得有根有据，还说那山的形状像壶，所以又叫"三壶山"；说仙山上有不死药，说宫阙都是黄金和白银筑成的。方士们讲得活灵活现，不由秦始皇不信。他自己又去不了，那就委托方士去求不死药吧！于是方士徐福便带着五百童男、五百童女，出海找仙山去了。不过这一去却没了踪影，而秦始皇也终于没做成神仙。公元前210年，秦始皇东巡回咸阳途中病逝于沙丘平台（今河北广宗西北大平台）。

　　再后来又有汉武帝。汉武帝也是个挺能干的皇帝，跟秦始皇齐名，人称"秦皇汉武"。他也上了方士的当。方士栾大说他师父就是仙人，可以求得不死之药，但要"贵其使者，令为亲属，以客礼待之"才行。"使者"自然是栾大；让他成为"亲属"，那就把自己的女儿卫长公主嫁给他；"客礼待之"更好办，拜他为五利将军、乐通侯，这可是够客气的了。过了一年多，栾大还不动身去找他师父求药。汉武帝一催再催，栾大这才收拾行李，准备入海寻师，但却跑到泰山去了。幸亏汉武帝留下个心眼，派人跟踪他，结果证明栾大玩的是骗术。汉武帝一生气让人拦腰给了他一刀，不消说那位卫长公主也做了寡妇。

神仙找不到，有的方士又来出主意，说他们能够炼制吃了可以升天的金丹。汉武帝便拿出黄金来，让这些骗子炼，炼来炼去黄金早已进了方士们的腰包。倒是大约800年后的唐朝诗人李贺，道出了其中的奥妙。他在诗中说：

> 武帝爱神仙，烧金得紫烟。
> 厩中皆肉马，不解上青天。

还有位明朝的嘉靖皇帝，也是个神仙迷。他想用诚心来感动天帝，那就是建醮，在宫里到处设道场，请些道士来念经，弄得整座皇宫乌烟瘴气。他听说龙虎山上清宫有个道士叫邵元节，法术无边，就派人请来。见面一谈，邵元节净讲些玄妙的话，十句里倒有八句听不懂，但越是这样越证明老道的道行高深，于是皇上便封他为"清微妙济宁静修真凝元衍范志默秉诚致一真人"，还拜他为礼部尚书。

后来又来了个道士陶仲文，更受嘉靖皇帝的崇拜，连续封他为少保、少傅、少师，一个人把三个尊号占全了。这位道士不认识神仙，却会烧炼服了可以长生不老的金丹。皇帝便拨了大批款项，让这些道士去折腾。

然而炼不死丹的陶仲文自己却死了，这说明金丹服了可以长生纯粹是鬼话。可是皇帝并不醒悟，反把上书劝谏的官员们加以重罚，太仆卿杨最就是在狱中被拷打致死的。这位皇帝金丹吃了不少，后来经常觉得腹胸坠闷，肠胃疼痛，结果慢性中毒。神仙没当成，他终于到永陵去长眠不醒了。

这些皇帝想当神仙，最后只不过上演了一出出警戒后人的历史闹剧。

为什么雍正被刺是清宫一大疑案

雍正皇帝是清入关后的第三位皇帝，他统治清朝 13 年，他和父亲康熙皇帝及儿子乾隆皇帝，开创了清初也是整个清朝最辉煌的"康乾盛世"，是清朝皇帝中比较能干的一位。

雍正 45 岁开始登基，58 岁就突然死去了。根据史料记载，他从发病到死亡，只有三天时间，而在这之前，他的身体一直很好，怎么会突然死亡呢？对他的死因一直没有史料证实，由此才引出了这件清宫疑案。

传说，雍正死后人们发现他的头被人砍掉了，只留下一具没有头的尸体，下葬时只好用金子铸了一个"金头"。如果这是真的，那么是谁有这么大的胆子，敢砍下雍正皇帝的头呢？

雍正在位时，一位名叫吕留良的学者怀念明朝，不承认清政府，并拒绝做清朝的官，还写文章抨击清政府。雍正皇帝十分恨他，下令杀了吕留良的全家和他的亲朋好友共一百多人。雍正皇帝制造的这起"文字狱"，引起了许多人的不满。后来人们传说，吕留良全家被杀时，他的孙女吕四娘正巧外出，活了下来。她发誓要报仇，拜一位僧人为师，学了一身好武艺，之后潜入皇宫，杀了雍正皇帝，还砍下了他的头。

还有一种说法，雍正皇帝信佛，希望自己长生不死，经常吃"丹药"，他是因为吃"丹药"中毒才死的。雍正皇帝信佛是真的，是不是因为"丹药"中毒而死就没有根据了。

也有的人说，雍正皇帝死得这么快，也许是中风或者是心脏病发作，可是当时的医疗水平还解释不了这些病。究竟是怎么回事呢？

还是让我们来看看雍正是怎样的一位皇帝吧。

雍正在位 13 年，总的来说是一位勤奋节俭的皇帝。他先后派兵平定了青海和西藏的叛乱，收回了新疆，与沙皇俄国签订条约，划定了中俄边境，限制了沙俄侵略我国领土的野心。他还推行促进生产的政策，减轻了农民的负担，这些都是雍正皇帝的功绩。生活中的雍正皇帝喜爱书法，写得一笔好字；他还爱好历史、文学、诗歌，写了大量的著作，是一位很有文才的皇帝；他也比较开明，对一些外国传入我国的东西，比如眼镜、温度计等积极欢迎，并要求把眼镜给泼灰工人保护眼睛。另一方面这位皇帝脾气急躁，残忍无情，听不得不同意见，常杀害无辜的人。因此，引起人们的不满，再加上史料记载不全，才使一些人随便编出种种传说。

根据历史学家的分析，雍正皇帝被刺杀的可能性极小。他很可能是死于"丹药"中毒或者是中风等疾病。将来有一天，能够把葬在清西陵泰陵地宫的雍正墓打开，真相就会大白天下了。

为什么中国又叫"华夏"

自古以来，中国有过许多名称，如中华、中原、华夏等等。为什么要把中国叫作华夏呢？

《左传》中说：中国是一个文明古国，一向被称作礼仪之邦，叫作"夏"，"夏"有高雅的意思；再加上中国人的服饰很美，所以又叫作"华"。

后来，有人认为我国古代把"夏"当作族名，把"华"当作国名。"夏"是从夏水（即汉水）得名，"华"是因为华山而得名。但夏水只是一条很小的河流，华山也只是名山之一，很难成为一个国家的代表；还有一种说法，认为中国历史上最早的朝代是在黄土高原上建立的夏朝，它在上古的朝代中文化程度最高，影响也最大，在中国历史上留下了不可磨灭的一页。夏朝从一开始就以中央大国自居，因此，"夏"就有了"中国"的意思，"夏人"也就成了'中国之人'。后来，人们把文化高的地区称为"夏"，把文明程度高的人或族叫"华"，"华夏"合起来就代表了中国是一个有高度文明和发达文化的中央大国，"华夏"也渐渐成了中华民族的代名词。

为什么庄子高歌葬妻

　　有一位穷人，家里揭不开锅了，出门向一位富人借粮。富人说："好，等我收到封邑里交来的租赋之后，就借给你三百金。怎么样？"穷人气呼呼地说："我昨天来的时候，在半路上听见呼唤我的声音，回头一看，原来在车轮辗洼的地方有一条鲫鱼。我问：'鲫鱼呀！你在这里干什么呢？'它回答说：'我是东海龙王手下的臣子。你能弄一点水来把我救活吗？'我说：'好吧，我将前去游说吴越国的国王，请他们引西江水来救你，你看怎样？'鲫鱼听到这里，勃然变色，板着脸说：'我不幸失水，无处容身，现在只要得到一点水就可以活命。你的这些不切实际的话，还不如早点到干鱼市上去找我呢。'"

　　这则富有深刻意义的寓言出自《庄子》，《庄子》是战国时期道家学派的代表作，作者是宋国人庄周，人们尊称他为"庄子"。

　　庄子一生没有什么辉煌的历史，仅做过一段漆园这个地方的小吏，绝大部分时间过着平淡的隐居生活。他的学问很大，楚威王听说他的贤名之后，派使者携带重金去访问他，准备拜他为相国。庄子大笑着对楚国使者说："千金真是重利，相国的位子也真够尊崇的。但您没见过祭祀时屠宰的大黄牛吗？它被精心饲养几年，身上披着锦绣，然后拉进庙堂被屠宰了上供。这个时候，它就是想当一头小猪也不行了，您快回去吧，别玷污我，我宁可游戏于污秽的小渠中，也不肯被官位所累。我愿意终身不做官，这才是我的志向。"庄子没有儒生那种积极"入世"求官的态度，而视位极人臣的相国为祭祀用的大黄牛，显现了道家学派人物超脱的"出世"思想。

　　庄子不愿和统治阶级同流合污，日子过得十分贫苦。因为他的贤名，各国的国君都争相结交他。有一次，他穿着带补丁的粗布衣服和敞了口子的旧鞋去见魏王。魏王问他："先生为什么这样颓废潦倒呢？"庄子回答："我这是贫穷，并非颓废潦倒。读书人有道德理想而不能实行，这才是颓废潦倒。衣服旧、鞋子破，这是贫穷，是生不逢时啊！"可见庄子安于贫困、甘于淡泊的高尚品格。

多年的贫苦生活，使他的妻子先于他而去世了。当吊唁的乡邻们纷纷来到他家时，发现他正盘腿坐在妻子尸体的旁边。敲着瓦盆在唱歌呢，他的好朋友惠施说："你和妻子居住生活在一起，生儿育女，一直到老，现在她去世了，你不哭也就够了，还要敲着盆子唱歌，这岂不太过分了吗？"庄子回答说："我不这样看。在她刚死的时候，我怎能不感伤？然而推究起来她起初本来是没有生命的，不仅没有生命而且也没有形体，不仅没有形体而且原本也没有气息。在恍恍惚惚若有若无之间，无为之道变化而有了气。气变化而成形，形变化而有了生命，现在又变化而为死，这种生来死往的变化就像春夏秋冬四季交替运行一样，人家静静地安息在天地之间，而我还在啼啼哭哭，我认为这是不通晓生命的道理，所以就不再哭泣。"庄子从自然万物生生不息的变化中，找到了超越于悲哀之外的自然基础。在他就要离开人间的时候，他的弟子们想厚葬他。庄子说："我死以后，以天地做棺椁，以太阳和月亮做璧玉，以恒星做珠玑，以天地间万物做陪葬之品。这样我的葬具还不齐全吗？为什么还要增加我的丧葬费用呢？"弟子们说："我们害怕乌鸦和老鹰把您吃掉。"庄子说："天葬被乌鸦和老鹰吃掉，土葬被蚂蚁吃掉，你们把我从这个口中夺出来给那个，不也太偏袒另一方了么？"

庄子全面继承了老子的学说，在他的著作《庄子》一书中，极力弘扬老子的清静无为思想，抵制和批判儒家的思想和理论。他的文章多采用寓言的形式，文辞优美、妙语连珠。在思想界和文学界都有很大的影响。

道教兴起后，庄子也被道徒们神化。到了唐朝，统治者封他为"南华真人"，《庄子》一书也就被称为《南华经》了。

一生具有传奇色彩的康熙帝

康熙帝，即爱新觉罗·玄烨，清入关之后的第二个皇帝。其在位 61 年间，顺应时代潮流，把握人心所向，创造了封建社会后期政治安定统一和经济繁荣昌盛的空前局面，是"康乾盛世"的奠基者。同清代其他帝王相比，康熙是清代最有远见的君主，他为巩固和发展我国多民族国家，进行了长期不懈的努力。他以其奋发有为的政治气概、聪明的才智和非凡的军事才能，在祖国的大舞台上，导演了一幕幕雄奇壮丽、惊心动魄的历史剧。

玄烨 8 岁时，其父顺治帝福临去世，遂继承王位，年号康熙。因玄烨年幼，由鳌拜、遏必隆、苏克萨哈、索尼四个辅政大臣代理国政。康熙六年，年仅 14 岁的玄烨宣布亲政，但实权仍掌握在妄图篡权、飞扬跋扈的鳌拜手中。鳌拜在宫中经常"施威震众，高声喝问"，"欺朕专权，恣意妄为"，欺负年轻的玄烨。玄烨决心搬掉自己掌权的绊脚石，无奈独断专行的鳌拜，不仅党羽众多，且位高权重，防备森严，一时无法下手。于是，玄烨选一些少年人入宫当侍卫，每日与他们练习踢球、武术等，佯装嬉戏玩耍，不过问政务，使鳌拜失掉对他的防范之心。一天，鳌拜趾高气扬地走入宫中时，玄烨指使这些少年侍卫们捉拿鳌拜，结结实实地将其捆了起来。然后，宣布了鳌拜的欺君犯上等三十条罪状，把这个老奸巨猾的权臣革职监禁了。这年，玄烨才 16 岁。一个 16 岁的少年，以其大智大勇，利索地清除了亲政后最大的政治障碍，崭露了出色的胆略和才智。权臣铲除后，玄烨开始励精图治，用他自己的想法去治理国家，争取有一番作为。

纵观康熙的一生，最显著的成就在于他维护了多民族国家的统一，巩固了祖国的边陲。

康熙十二年，20岁的玄烨开始了平定三藩叛乱的斗争。三藩系指坐镇云南的平西王吴三桂、坐镇广东的定南王尚可喜、坐镇福建的靖南王耿精忠。他们各据一方，形成独立王国，其势已尾大不掉，严重威胁着清政权。三藩的存在，每年要消耗兵饷二千余万两，在经济上也成为清廷沉重的负担。因此，清廷不得不考虑撤藩的问题，这年春，撤藩的机会来了。这时，尚可喜首请归老辽东，而欲使其子尚之信继续坐镇广东。吴三桂、耿精忠也上书试探朝旨。康熙抓住机会，毅然决定三藩一齐全撤，三藩见投机不成，公开举起叛旗。一时间，中国西南全部和东南沿海地区以及中原、西北一带，都骚动起来，战火弥漫数十省。在应付这一事变中，康熙表现出他的雄才大略，力排众议，决心平叛。在政治上他剿抚兼用，刚柔相济，广示招徕，瓦解叛军，怠其情以移其志，施展了高超的政治策略；在军事上他谨慎筹划，审时度势，严格军纪，爱惜兵丁，重用汉将，信赏必罚，把握时机，乘隙插足，采取摧坚解体、打击元凶的策略。同时，叛乱破坏了统一，违背了满汉各族人民渴求休养生息的愿望，结果，经过八年的奋战，康熙取得了成功。28岁的康熙不禁感慨万千："回思几载焦劳意，此日方同万国欢。"

康熙帝在三藩事件结束之际，即开始解决台湾问题。1661年，民族英雄郑成功赶走荷兰殖民主义者，为祖国光复了台湾。他的儿子郑经接替执政之后，一方面展开了经济及文化建设，另一方面建立了割据政权。郑氏割据台湾为害匪浅，台湾在政治上脱离大陆，孤悬海上，就很容易招致西方殖民主义势力的侵略，甚至有被吞并的危险。康熙认为台湾人皆闽人，不允许台湾独立，这显示出康熙在政治上能高瞻远瞩，有雄才大略。1681年，郑经死后，诸子争位而发生内讧。康熙遂趁此时机，进兵台湾。经过1683年澎湖一战，清兵顺利开进台湾，郑成功之子郑克爽表示愿降。康熙批准郑的归顺，"授克爽公爵"，"耕凿从今九壤同"。既取台湾，康熙遂摒弃

"迁其人，弃其地"等荒谬主张，决定在台湾设一府三县，隶属福建省管辖。康熙收取台湾，完成了台湾和大陆之间的政治统一，大大促进了台湾的政治、经济与文化的发展。康熙统一台湾，其意义极为重大。

正当康熙用兵平定三藩、统一台湾的时候，沙俄侵略者趁势将其魔爪伸进我国东北，不断蹂躏践踏黑龙江流域。他们在雅克萨一带建立所谓统领辖区，妄图把中国领土并入沙俄版图。三十而立的康熙决心着手解决东北问题，先后于 1685 年、1686 年两次派兵击溃沙俄侵略者，迫使其不得不放下武器，同清政府谈判。1689 年，中俄签订了《尼布楚条约》，明确规定了黑龙江和乌苏里江流域包括库页岛在内的广大地区都是中国的领土，并使东北边疆获得了较长久的安定，然而，沙俄在东北的侵略不断失利后，又把矛头对准了中俄边界的中西部地区，进行了一系列收买少数民族上层分子、策划分裂叛乱的阴谋活动。在沙俄的支持下，准噶尔部的噶尔丹发动了叛乱。为了维护国家的统一，康熙遂决定用兵镇压噶尔丹，御驾亲征。从 1690 年到 1697 年，康熙对噶尔丹的战争共进行了三次。在追歼噶尔丹的过程中，康熙不顾艰辛，在茫茫大漠、荒芜戈壁中率清军艰难地跋涉着。有时甚至是"日进一餐，五更起行，至晚方歇，遇沙地则下马步行"，来回追赶几千里地。正是在康熙这种大无畏精神的鼓舞下，清军努力奋战，彻底击溃了噶尔丹叛乱。至此，中国各民族要求统一、安定和团结的愿望实现了，中国疆域辽阔的版图基本奠定了。康熙为中华民族做出了历史性的贡献。

在巩固多民族国家统一的同时，康熙还积极谋划恢复和发展生产，采取了一系列顺应时代要求的措施。

1669 年，康熙清除鳌拜后下诏永远禁止满族贵族圈地，规定当时所圈土地，立即归还农民。同时又采取了奖励垦荒的措施，承认部分中小地主和农民对明代废藩土地的所有权，即改为"更名田"，归耕垦的人们所有。在康熙奖励垦荒政策的推动下，在他统治期间，全国耕地由 527 万顷增加到 851 万顷。黄河自明末以来，因战乱频繁，多年失修，到康熙初年造成了巨大灾患。黄淮二河又互相冲激，波及运河，漕运受阻。为此，康熙大修水利，治理黄河、淮河和运河。30 年的治河过程中，他曾 6 次南巡，视察河工。勤奋好学和多年的实践，使康熙成为一名治河专家。他还采取了"盛世滋丁、永不加赋"、"摊丁入亩"、"丁随地起"、减免钱粮、赈济饥民、惩治贪污、厉行节约等施政措施。这对于出现封建社会后期的鼎盛局面——"康乾盛世"，奠定了坚实的基础。

康熙既是一位雄才大略的政治家，又是一位博学多才的科学家。他是历代封建君主中最注重科学、尊重科技人才的统治者。他本人在自然科学方面的成就与贡献，与各代帝王相比，可以说是前无古人，后无来者。他认真地学习了代数学、几何学、地理学、地震学、天文学、医学、解剖学、农学、气象学等自然科学知识，并重视科技的推广与应用。他曾实行全国性土地测量，绘制《皇舆全图》，并向大臣讲授代数的借根法等知识，写下了不少科技研究文章，在科学史上具有重要的史料价值。康熙还开博学鸿词科、明史馆，组织编纂了《佩文韵府》、《全唐诗》、《康熙字典》等书籍，为保存和发展文化做出了贡献。

康熙一生勤于读书，勤于理政，为人作风也有可贵之处。在统一斗争中每次取得胜利时，大臣们都请上尊号，几次三番均遭其拒绝。他说："天视天听，视于民生。后人自有公论。若夸耀功德，取一时虚名，大非朕意，不必敷陈。"出巡时，有的官员为讨好皇上，敬献美女，他反对这种诱惑和腐蚀，冷眼对待，并把这些官员予以惩处。康熙在位 61 年，事迹卓著，敢于弃族偏见，重视科学。注重调查研究，身体力行，为发展经济而孜孜求治。为巩固和发展多民族国家的统一，他不辞辛苦，几十年如一日。康熙可谓中华民族史上大有作为的封建帝王，是一位富有传奇色彩的杰出人物。

真实的杨家将

　　杨家将的故事叙述的是北宋名将杨业（又称杨继业）及其子孙们抗击北方辽和西夏侵略中原的斗争事迹。不过我们在小说、评书和戏曲中所听到、看到的杨家将的故事，大部分人物和情节都是虚构的，是人们按照自己理想和愿望塑造的，这是因为人们对杨家将太敬仰的缘故。

　　北宋建立后，集中力量消灭了南方的一些政权，而对北方契丹人建立的强大的辽国则采取防御的手段。公元 979 年，宋太祖基本统一全国后，向辽发动了一次大规模战役。杨业和他的儿子大郎、二郎、三郎、四郎都参加了这次战役。宋兵一直攻到了幽州（今北京）城下，不料辽援兵赶到。高梁河一战，宋兵大败，杨业的大郎、二郎、三郎在战斗中牺牲，四郎失踪。公元 986 年，宋又向辽发动进攻。三路大军中，东路、中路军遭到惨败，只有杨业和潘美（小说中的大奸臣潘仁美）所率的西路军节节胜利，连续收复了四个州。由于孤军深入，再加上潘美的错误指挥和不配合，使杨业身陷重围。虽然他奋不顾身、英勇作战，终因寡不敌众，落马被俘。被俘后，杨业坚贞不屈，绝食而死。他的儿子七郎也在这一次战斗中牺牲。

　　杨六郎原来叫延朗，后改成延昭。他智勇善战，号令严明，也是北宋名将。公元 999 年，辽大举攻宋，宋军节节败退。辽军攻至杨六郎守卫的遂城时，他亲自率兵登城作战。当时正是严冬，六郎让士兵在城墙上灌水成冰，使城墙又光又滑，辽军无奈退走。史书上说杨六郎能与士兵同甘共苦，打仗身先士卒，这也是杨家将深得人心的一个重要原因。

　　杨家将的第三代是杨文广，他是杨延昭的儿子，也是一个边防名将。他曾在河北、陕西驻守边境，抵御了西夏的进犯。

　　杨家将的故事说明中国人民自古以来就具有反抗侵略的斗争传统，所以人们总是怀念、尊敬历史上那些抗敌爱国的英雄人物。

历 史

诸葛亮和"木牛"、"流马"

诸葛亮是三国时期著名的政治家、军事家。

公元228年，诸葛亮第一次北伐，由于部将马谡在街亭失守，不得不退回汉中。后来，他又三次北伐，只有第三次取胜，其他两次都由于粮草接济不上而失败了。

粮食运输问题解决不了，直接影响了诸葛亮的军事部署。怎么解决这个问题呢？能不能用木制的牲口代替畜力运输呢？经过反复琢磨，苦心设计，终于造出了一种适用于狭窄山路的运输工具，称作"木牛"和"流马"。

"木牛"，是一种适用于山区小道的独轮车，中间方形，头微微弯曲向上仰，有一个轮子四条腿，可以立地停放。单独行走时，每天可前进几十里。每个"木牛"就是一辆独轮车，可装载一个士兵一年吃的粮食。用它运输，除了节省人力外，也用不着准备饲料了。由于它的形状和构造是模仿牛的形状，所以称它为"木牛"。

"流马"是在"木牛"的基础上经过改造而成的，前后有四个轮子，前后两个车轴、两个杠杆组成，又叫大车，要四个人推动。根据它的形状起名"流马"。

"木牛"、"流马"改变了当时荆、蜀山区的运输困难，是1800多年前的一项了不起的发明。在当时，汉中通往祁山的崎岖山道上，出现了一支又一支运粮的队伍，吱吱的车轮声打破了山林的寂静。

魏国大将司马懿听到这个消息，感到很惊异，不知是什么怪物。为了搞到秘密，他特派了一队士兵，偷偷埋伏在"木牛"、"流马"经过的地方，等到它们一到，抢了几匹回去。司马懿看了，立即征集了许多技艺高超的木工，把抢来的"木牛"、"流马"拆开，按照原来的尺寸，造了2000多头"木牛"、"流马"，并用它运输粮草。这一消息传到了诸葛亮的耳里，他又在琢磨对付的办法。

一天，当魏国的运粮队行进的时候，忽然来了一支人马，杀死了运输队员，将粮食装在"木牛"、"流马"上向蜀营走去，这是诸葛亮的劫粮队。司马懿见粮食被劫，派兵火速追赶，等他们截下"木牛"、"流马"时，却怎么也推不动。他们只好丢下粮车逃走了。又杀回来的蜀兵重新扭正"木牛"、"流马"的"舌头"，又"驱赶"着它们前进了。

后来，关于"木牛"、"流马"的事越传越神奇，发明者诸葛亮简直成了神仙。司马懿也不敢轻举妄动了。

第三章

　　祖国疆域辽阔，人口众多，自然地理环境极其复杂而丰富多彩。在这里，展现了名山大川的博大与壮美，演绎了更多彩的人文风情，同时我国的自然环境也发生着重要变化，人与自然的和谐相处面临挑战。

察尔汗盐湖的盐有多少

　　过去，位于柴达木盆地里的察尔汗盐湖是一个水面辽阔的大湖，这个湖是不与海洋相通的内陆咸水湖。后来气候越来越干燥，蒸发强烈，湖泊的面积逐渐缩小，湖水含盐量越来越高，成了盐湖。湖水中盐的浓度太高，就会出现盐的结晶，湖底积了厚厚一层盐。大湖没有了，在原来的湖盆里留下了几千个小盐湖。由于蒸发强烈，湖水含盐量太大，盐分在湖面积聚成厚厚的盐壳，就像冬天湖面上结的冰，人们也就看不到盐盖下面的湖水了。不过在盐盖上凿开一洞，就可以看到水了。这可不是一般的水，而是又咸又苦的盐卤水。

　　在蒙古语里，"察尔汗"是盐泽的意思。在察尔汗盐湖5000多平方公里的范围内，到处都是盐。湖里是盐，地面上是盐，地下还是盐，是名副其实的盐的世界。地下盐层平均有8米厚，最厚的地方50~60米。在这里干什么都离不开盐，运动场用盐修，飞机场建在盐上，公路上铺的是盐，就连青藏铁路的一段路基也是用盐修筑的。在这里把鸡蛋、蔬菜放在地上，过不了几天就会变成咸蛋、咸菜。察尔汗盐湖已经探明的盐储藏量有500多亿吨，其中95%是食盐，如果全部开采出来，可够全世界的人吃1000年。

地　理

长江口的崇明岛为什么会"游移"

　　在长江的入海处，有一个崇明岛。它的形态在不断地变化，总的来说，它的面积是越来越大了。比如，在北岸的江堤外，在七八年中竟长出了三四千米的沙滩，平均每年向外长 500 米。与此同时，岛的南岸则以平均每年 50 米的速度向后退缩，例如，合隆港及其以东的一段地区的海岸，在 1955 年就坍了 50 多米。崇明县城在明代万历十一年（1583）距南岸有 20 千米，而现在距南岸（南门港）只有 500 米了。看来，现在的崇明岛在向北"游移"。

　　人们不禁要问：崇明岛为什么会"游移"呢？

　　先说说崇明岛是怎样形成的，原来崇明岛曾经是长江口外的浅海。长江从上游带来了大量的泥沙，由于流速在河口突然减慢，泥沙就在这里逐渐沉积下来，直到唐代初期（618 ~ 626），形成了东、西两个沙洲，并露出水面。当时在西沙设立了崇明镇，"崇明"这个名称就是从那时开始的。

　　之后，由于江流的冲刷，东、西两个沙洲逐渐坍没了。但是，崇明岛的历史并未就此完结。在公元 13 世纪到 16 世纪之间，沙洲重新露出水面，并且一再"游移"，县城就迁了 5 次。直到明代万历十一年，崇明岛才基本稳定在今天的位置。

　　沙岛"游移"的主要原因究竟是什么呢？

　　沙岛"游移"的主要原因是长江主流的摇摆所造成的。从崇明岛的历史可以看到，14 世纪到 18 世纪期间，由于长江主流在崇明岛北面的北泓道，因而北岸冲刷、坍塌，南岸外涨，岛向南游移。18世纪中叶以后，长江主流改从岛的南面出海，岛的北岸因江流微弱，泥沙容易沉积，特别是东南风大的时候，海潮的倒灌又带来大量泥沙，使北岸的泥沙越堆越多，沙滩迅速伸长，崇明岛又向北"游移"了。

有人认为，照这样长此下去，崇明岛一再向北"游移"，它就很有可能与长江北岸的江苏省海门、启东相连呢！

地球上将来的最高山峰会有多高

　　由于地球的构造运动和风化剥蚀运动，珠穆朗玛峰的高度也不是一成不变的，也就是说，它不可能永远是世界上的最高峰。由此产生了一个极有科学价值的问题，即地球上最高峰是否有一个高度极限呢？

　　英国科学家韦斯利夫根据岩石力能学原理，分析了地表物质结构从固体转变到塑性体时所需的外加能量。他的研究结果表明，当这个外加能量等于或大于山体基座变性时所需能量值时，基座物质的晶格结构将遭到毁灭性破坏，山体也注定要倒坍而不能继续增高。韦斯利夫通过计算得出结论，地球表面山体海拔的极限高度为 21.7 千米。

　　我国地理学家牛文元则从地表的"高度—面积"分配概率统计这一角度入手，以"地表每年风化剥蚀掉的岩石量，等于或大于某高度上按概率分配应存在的岩石量"为必要充分条件，计算出这个极限高度为 20.5 千米。

　　中外两位科学家虽然以不同的科学方法计算了地球表面海拔高度的极限值，但结果却十分接近。由此我们可以得出结论，地球上的最高峰在 21 千米左右。

地球上为什么闹水荒

　　地球上水的储量很大，约 140 亿亿立方米，其中 94% 分布在海洋中，不可能直接为人类生活与生产所利用。据联合国 1977 年的统计，全球的淡水储量仅 3.5 亿亿立方米。

　　淡水资源虽然有限，但绝对数量还是不少，人均占有量也有几百万立方米之多。那么为什么有些地方还经常闹水荒呢？原来，淡水资源在全球的地理分布极不平衡。多水的地区，如东亚、南亚，大量的雨水转化为地表径流，白白流归大海；而干旱的荒漠地区则极度缺水。如埃塞俄比亚、苏丹、南非、肯尼亚等地区。以我国而言，内蒙及大西北是极度干旱地区，黄淮海地区也是十分缺乏水资源的地区。再加上世界工农业生产的发展，耗水量急剧增加；我国农村二元结构的变化使城市和城市人口的数量不断增加，饮水量大幅度增加，致使全世界 60% 的地区供水不足，很多国家要闹水荒。另一方面近十几多年来我国工业经济飞速发展，水资源减少，水质恶化，自然环境受到人为破坏，水害和地质灾害频发，由此引起了气候条件的变化。

"地下森林"是怎么回事

　　在我国黑龙江省东南部的镜泊湖北边不远，有一片火山。这些火山的火山口直径有几百米，深一二百米，四壁陡峭，从上边望下去，令人眩晕。可是在火山口底部却长满了高大粗壮的参天大树，蔚然成林。站在下边向上看去，只能看到头顶的一小片蓝天，显得十分高远；而从火山口边缘向下看去，那密密麻麻的笔直树干，就像立在那里的一根根火柴杆，树林似乎是从地底下钻出来的。于是这火山口底部的树林就得了个"地下森林"的美名，成了世界闻名的大自然奇观。

　　火山很多，别处的火山口里为什么没有树木，单单这里的火山口里长出这么好的森林来呢？这要归功于它独特的地形特点和优越的自然环境。这些火山口又大又深，陡深的崖壁成了天然的挡风墙；宽阔开敞的上口，使阳光可以射入底部；火山口底部的火山堆积物，含有植物生长所需的丰富的营养元素；这一带气候温暖湿润，降水充沛。这些都为树木生长提供了必要而良好的自然条件，所以这里的树木都披上了绿装，长出了世界罕见的"地下森林"。

地 理

古代的长江口在哪里

打开地图看一下长江的入海口，好像一条巨龙的嘴巴：江苏启东一带是它的上唇，上海南汇一带是下唇，中间含着一颗龙珠——崇明岛。可是在五六千年前，长江口并不像现在这样，它的位置大约在镇江、扬州一带。现在繁华的长江口，当时还是一个大海湾呢！

这是怎么知道的呢？原来地理工作者在实地调查中，通过对打钻所得地层资料的对比，发现在现在的江苏太仓和嘉定的外同以至松江的漕泾一带地下，断断续续地沉积着许多贝壳沙带。大家知道，贝壳是海边底栖动物的残骸。这种贝壳沙带，一般是由江河带来的泥沙在入海口被海潮顶托堆积在河口附近的，所以贝壳沙带的发现，现可以说明历史时期海岸线所在的位置。这条大体沿福山—太仓—松江一线分布的古海岸线，在卫星照片上反映得十分清楚，得到了进一步的证实。

另外，古时留下来的史籍，也记载了长江口的变迁，例如，东晋文学家郭璞（276～324）所著的《江赋》中曾提到："鼓洪涛于赤岸，沧余波于柴桑。"（古县名，在今九江市西南）可见东晋时潮汐一直可达九江附近。而现在潮汐只能达到芜湖，当时的江口一定非常宽广，据推算宽度达 180 千米，而海岸也一定在目前海岸线的西边。根据各方面的资料进行分析，以及根据已发现的古代在海边所筑的海塘，用每年长江能堆积的泥沙来计算，一般都认为古代长江口大约在镇江、扬州一带。就是在时间上的看法目前还不一致，出入较大。

五六千年来，长江口所以不断东移，主要由于泥沙的堆积。长江源远流长，水量特别丰富，每年都将大量泥沙带向河口。特别在隋、晋之后，长江流域山区进行较大规模的开垦，刀耕火种，毁坏森林，使土壤遭到侵蚀，长江泥沙更是与日俱增（现在已达每年4.6亿吨）。大量泥沙堆积在江阴以下的海湾里，越堆越多，渐渐露出海面，变成现在的三角洲。只留下埋在地底的贝壳沙带，做了古代长江口的见证人。

地 理

海水为什么不能喝

被海水浸泡过的衣服，干了以后布面上会现出一层白色的东西；把一盆海水晒干，盆底也会留下一层白花花的东西，这些白东西在化学上叫作盐。海水中溶解着大量的盐，在一立方公里的海水中，含有2700多万吨氯化钠、320万吨氯化镁、220万吨碳酸镁、120万吨硫酸镁，还有许许多多其他种类的盐。假如把世界海洋里的水都蒸发干了，在海底就会出现60米厚的盐层。

海水中溶解的这些盐类里，含量最大的是氯化钠，占78%。氯化钠就是我们吃的食盐，还是一种重要的化学工业原料。人类需要的氯化钠，绝大部分都是从海水中提取的。氯化镁在海水中的含量仅次于氯化钠，现在世界上所用的镁和镁的化合物，有相当大一部分也是从海洋中取得的。

食盐是咸的，氯化镁是苦的。海水中这两种盐占了总盐量的将近90%，所以又咸又苦，不但不能喝，洗澡、洗衣服也不能用。海水茫茫、海浪滔滔，可是在大海中航行的船只却不能用这些水，船员和旅客看着这既不能喝又不能用的海水，只能望洋兴叹。因此，船只出海之前，必须备足航程中需要用的淡水。

地　理

河里的水最后都能流进大海吗

"人往高处走，水往低处流"，地球表面上最低的地方是海洋，所以我国古代就有"百川东入海"、"黄河入海流"等诗句。一般来讲，世界上大多数河流都是流入海洋的。我国的河流也是如此，像长江、黄河、珠江、黑龙江、辽河、海河、淮河这些大河，都流入海洋。有些河本身不和海洋相通，河水流进了湖泊，比如湘江水流入洞庭湖、赣江水流入鄱阳湖，可是这两个湖都和长江相通，所以这些河里的水最后也是流入大海的。

可是地面上的河流并不是都能流入海洋的，有些河里的水要么注入不和海洋相通的湖泊，要么消失在沙漠之中。比如，我国新疆的塔里木河，虽然是一条长达 2179 千米的大河，可是最后却消失在了新疆东部的荒漠之中，成了一条无尽头的河。其他如甘肃的弱水、疏勒河，青海的布哈河，以及青藏高原上的无数小河，它们的水都不能流进海洋。

人们把最后能流入海洋的河流叫外流河，外流河的流域叫外流区；不和海洋连通的河流叫内流河或内陆河，内陆河的流域叫内流区。外流区的湖泊大都和河流相通，湖水能经常更新，是淡水湖；内流区的湖泊湖水封闭，强烈的蒸发使湖水含盐量越来越高，一般都是咸水湖。

火山爆发对气候会产生什么影响

　　1963 年，印度尼西亚的可贡火山爆发，大量火山灰和气体布满天空，天空中黑气沉沉，地面得到的太阳辐射量相对减少，因而地面气温下降。一年后，远离火山爆发源的欧洲、北美洲以及夏威夷等地区，因受这次火山爆发的影响，太阳的直接辐射能下降 6% ~ 10%。1982 年，墨西哥厄奇冲火山爆发，火山灰混同气体喷射到 2.6 万米高空，大量吸收太阳光，反射并散射阳光。10 个月后，中国一些地区受这次火山喷发的影响，太阳的直接辐射能降低了 22%。直到两年后，太阳辐射能仍偏低约 4%，使地球平均气温降低持续了好几年。

　　为什么火山喷发会使气温降低呢？这是由于火山喷发出大量的火山灰，遮掩了太阳，把阳光反射回太空中去，地面得到的阳光便相应减少，气温自然就低了。而更主要的原因是，火山喷发的烟雾中含有大量的二氧化硫成分（如 20 世纪末菲律宾皮内图博火山爆发，一下子喷出了 1900 万吨的二氧化硫），二氧化硫喷入大气层中会吸收水蒸气形成硫酸。这些很小很小的硫酸颗粒可以在大气层里停留好几年，它们强烈地吸收和散射太阳光，使地面得到的辐射热量连续几年减少，因而近地面的气温自然也就比以往要低了。

火山为什么会喷发

1883 年，在印度尼西亚爪哇岛西端巽他海峡中的喀拉喀托岛上，有一个火山突然喷发，这个岛屿的大部分被炸掉了，形成了一个深达 300 米的大坑。这次火山喷发，四五千千米以外都能听到声音，不仅炸坏了这岛屿，而且全世界的气压都受到它的影响。

火山为什么会喷发呢？

火山喷发，是岩浆冲出地面时的现象。平时，岩浆被地壳紧紧包住。地球内部的温度很高，岩浆不能安安静静地住下来，它老是想要逃出去。但是地下的压力很大，岩浆要冲出去也是不容易的。在地壳结合得比较脆弱的部分，地下受到的压力比周围低一些，这里的岩浆中的气体和水就有可能分离出来一些使岩浆的活动力加强，推动岩浆冲出地面。当岩浆冲出地面时，本来约束在岩浆中的气体和水蒸气迅速分离出来，体积急遽膨胀，于是发生火山喷发。

火山喷发的强弱，与岩浆冲出来的通道是否畅通有很大关系。如果岩浆很稠很黏，有时还加上火山通道狭窄紧闭，这时就容易被堵塞，那么地下的岩浆要聚集很大很大的力量才能冲破它，一冲开，就是一场大爆炸。有时候，在一次火山喷发的过程中，单是喷发出来的火山碎屑物就有几十亿立方米；如果岩浆的黏稠度不大，所含气体较少，通道比较畅通，经常有喷出活动，那么就不会有大的爆炸。如夏威夷群岛上的一些火山，就是这种情况。

火山总是分布在那些地壳运动比较强烈，而且比较薄弱的地方。这种地方不仅陆地上有，在海里也有。海底的地壳很薄，一般只有几千米，有的地方还有切过地壳的裂缝。所以在海洋底部有不少火山。像在大西洋中部亚速尔群岛附近的卡别林尤什火山，它位于一条巨大的断裂带上，当它喷发时，从深邃的海洋底部涌出炽热的浪涛，使洋面沸腾了起来。人们在开始时还以为是一条大鲸喷出的水柱哩！它一直喷发了 13 个月，结果出现了一片好几百公顷的新陆地，同亚速尔群岛中的法雅尔岛连在一起。像这样的海底火山还很多。

你能想象得到吗？在冰天雪地的南极地区也有火山喷发，白皑皑的冰山与红闪闪的熔岩，相映成一幅多么美丽的景色！正因为这里的地下，如罗斯海的两侧存在着裂缝，给岩浆创造了一个喷出的通道。

火山喷发需要有岩浆冲出，那些岩浆活动能力还很强，能够不时喷发的火山，在地质学中被称为"活火山"。如太平洋中的夏威夷群岛上的基拉维亚火山，千百年来熔浆总在不断地涌出，间或还发生猛烈地爆发，就属于这种火山。有些火山在喷发以后，需要经过相当时间在地下聚集起足够的岩浆才能再喷发，当它暂时不活动的时候，称为"休眠火山"。像北美洲西部的喀斯喀特山脉中就有一些这样的火山。它们没有留下喷发的历史记载，但根据观察，还有活动的能力。不过，这类火山，有的也可能就此长眠下去。还有些火山由于形成时间很早，地下的岩浆已经冷凝，不再活动；或者地下虽然还存在着岩浆，但由于那里地壳坚硬厚实，其中的裂缝差不多都被过去挤入的岩浆凝结堵塞住，因此，岩浆喷发不出来了。这些失去了活动能力的火山，被称为"死火山"。例如，非洲坦桑尼亚边境上的乞力马扎罗山，就是一个著名的死火山。从飞机上可以清楚地看到火山口内的积雪。

拉萨"日光城"的由来

打开拉萨气象资料，我们可以查到，拉萨每年平均日照总时数多达3005.3小时，平均每天有8小时15分钟的日光。而在同纬度上的浙江省的宁波只有2087.2小时；江西省的九江只有1938.8小时；湖南省的岳阳是1849.3小时，平均每天只有5小时到5小时45分钟的日光。著名的"天无三日晴"、"蜀犬吠日"的四川盆地日照就更少了。重庆每年只有1244.7小时日光，峨眉山麓的峨眉县城全年只有946.8小时，川西南凉山自治州的马边只有951.5小时，平均每天只有2个半小时以上到3个多小时的日光。

拉萨有日光的时间比东部地区几乎多了一半，比四川盆地多了两倍，这样多的日照，就难怪称它为"日光城"了。

有意思的是，拉萨这个"日光城"的雨水并不少，它的年雨量是453.9毫米，年雨日为87.8天，比其东部地区内蒙南部、陕西、山西和河北北部、吉林、辽宁西部还要多些，但是它的日照时间反而更长些。特别是7~8月份雨季期间，拉萨的日照时间，比平均月雨日多达21天的其他地区，每月还多60小时（平均每天两小时）左右。这是因为拉萨80%以上的雨水都下在当天晚上8点到第二天早上8点之间，夜雨多，而第二天仍是太阳高照、天气晴朗的缘故。

不过，拉萨的日照虽多，在全国却还不是最多的，西北干旱沙漠地区大都比它多。我国气象站中日照最长的要算是青海省柴达木盆地北沿的冷湖，它的年平均日照3602.9小时，平均每天阳光长达9小时52分钟，比拉萨每天还多1小时37分钟。可是，又为什么不把冷湖等沙漠干旱地区的城镇称为"日光城"呢?

这也许是因为冷湖等沙漠城镇有些是解放后新建的、有些人口很少，不像大城市因群众口传，作家做诗、写文章易于传播的缘故吧！

不过，同是阳光照耀，极地和赤道，早晚和中午却显著不同。拉萨位于北纬30°以南，属热带副热带的低纬度，而西北干旱地区纬度都在40°左右，属温带中纬度。太阳在天空的高度角西北地区普遍比拉萨要低十几度。另外，拉萨海拔3658米，大气层薄而空气密度稀，水汽含量少，加上空气中不像西北地区含尘量大，大气透明度良好，因此阳光透过大气照射到拉萨，在大气层中被吸收、散射的量也就特别少。拉萨的天空晴朗，阳光特别灿烂而明亮，眺望远处的雪峰，清晰异常；而且由于大气稀薄，空气分子散射的蓝色光线已大大减弱，暗蓝色或蓝黑色的天空更加衬托出耀眼的太阳。正因为拉萨太阳既强，日照又长，所以每年的太阳总辐射量（用每平方厘米水平面上接收到的热量表示）高达846千焦耳（202.4千卡）。不仅比东部同纬度上的地区多70%～150%，而且也普遍比西北干旱地区多（冷湖只有705千焦耳）。所以，在拉萨冬季的阳光下觉得分外温暖，夏季在阳光下赤膊劳动，会很快被晒黑脱皮，就是这个道理。

不过，拉萨也并非是西藏高原上唯一的日光城，特别是雅鲁藏布江河谷西部，西藏西部的阿里地区，从气象卫星云图统计结果看，这些地区都是比拉萨日照更多、阳光更强的"日光城"，例如，珠穆朗玛峰脚下的定日、雅鲁藏布江河谷的日喀则和阿里地区的首府噶尔，全年日照时数都要比拉萨多230～390小时，全年太阳总辐射量比拉萨每平方厘米要多84～250千焦耳（20～60千卡）。

丰富的太阳能在西藏地区是取之不尽、用之不竭的，又无任何污染的能源。一次投资，可以长期使用。现在那里正在努力推广应用太阳能热水管和太阳灶，节约了许多燃料和电力。高原上太阳能利用的前景是十分广阔的。

雷电为什么能治疾病

1988 年夏季的一天下午，一位因患白内障而双目失明的老人，在雷电的轰击下，双目竟神奇般地重见光明。

这种奇迹是怎么发生的呢？原来发生雷电时，这位老人正处于雷电所形成的磁场内，形成白内障的不溶性蛋白质在磁场的作用下变成了可溶性蛋白质。白内障清除后，眼睛也就复明了。根据这一原理，印度医学家创制了"白内障磁场治疗方法"，这种方法治疗早期白内障效果很好。

雷电不仅能治疗白内障，还能治疗肾结石。日本东京郊区有一位男青年，患肾结石，病情严重。在一次遭雷击的事故中，他体内的肾结石被炸成了碎屑，并随小便一起排出了体外，使肾功能恢复了正常。这是因为炸雷所产生的超高频声波击碎了青年体内肾结石，日本专家从中得到启示，发明了一种高频碎石机，用来医治肾结石患者。

雷击，是我们常见的一种自然现象，它除了给我们带来巨大的灾难和损失外，有时也会对人类做出有益的贡献。

雷电有哪些益处

　　雷电是在大气中发生的伴有雷声和闪电的一种剧烈的自然放电过程。地球上每秒钟要发生 1000 多次电闪雷鸣，每年有不少人、畜在雷电下丧生，一些建筑物被毁于一旦的事也屡见不鲜。然而。雷电也有其有益于人类之处。

　　在生命起源的早期过程中，雷电曾扮演过重要角色，具有不可磨灭的功劳。生命起源的化学演化说认为：早期的地球冷却后，火山喷发出的大量气体，如氢、氮、甲烷、氨、一氧化碳、二氧化碳和水汽等，在紫外线、宇宙空间辐射以及早期地球上的雷雨闪电的作用下，在原始大气中生成了一些前所未有的有机化合物，并由雨水带进海洋。含有有机物的海水在亿万年的演化中逐渐合成了蛋白质、核酸等复杂的高分子物质。最后，具有自我复制和繁殖能力的原始生命体终于产生了。早在 1952 年，这一理论就已被美国科学家通过实验所证实。

　　雷电的另一大功劳是，它给人类带来了火。在从猿到人的漫长进化史上，正是雷击森林起火，启发了人类祖先学会用火。森林中被火烧死的动物躯体，远比活剥生吞来得有滋味、富于营养。这使远古人学会了吃熟食，促进了人体的发育及大脑的进化。雷电带来的火使人类在进化史上跨进了一大步。

　　在农业上，雷电具有多方面功劳。雷雨在生长季节会给农作物带来充足的雨水，雷电会使空气中的氧和氮电离并化合成一氧化氮和二氧化氮。它们被雨水溶解，落地后与土壤中的矿物质化合成易于植物吸收的氮肥。人们发现，在常受雷电打击的高压电线附近土壤中氮肥充足，作物生长茂盛，这正是闪电在空中高温制肥的功效。有人估计，每年因雷电落到地面的氮素约有 4 亿吨。雷电还可引起地面和高空之间的电位差，这个电位差越大，植物光合作用和呼吸作用就越强烈。据研究，雷雨后 1~2 天内植物的生长和新陈代谢特别旺盛。如果在作物的生长期内有 5~6 次雷电，农作物成熟期将提前一周左右。

雷电还可净化大气环境。雷电产生时，强烈的光化学作用会使空气中的一部分氧气发生化学反应，生成具有漂白和杀菌作用的臭氧。一场雷雨过后，空气中弥漫着少量臭氧，加之雷雨时空气中灰尘被冲刷，因此，人们会感到空气格外清新舒适。雷电也能扩散大气污染物，伴随雷雨上升的气流，可将停滞于对流层下面而无法广泛扩散的污染大气带到 10 千米以上的高空，并向周围扩散。

雷电中储存着巨大的可利用的能量，它一次放电能量就达 1 亿~10 亿焦耳。美国某工程物理研究所研究证明：直接引用雷电中的大脉冲电流，可产生冲击力，夯实松软的大面积基地；还可借助其放电产生的达数十万大气压的冲击力，进行相应的土木工程和各种放电加工应用。根据高频感应加热原理和利用雷电产生的高温，使岩石内的水分膨胀，从而可破碎岩石，达到爆破开采之目的。日本借助雷电进行矿山大面积爆破开采的实验获得了成功。

有人认为：人类可以仿照大自然产生电能的原理，提供与天空中产生电闪雷鸣所必需的同样的条件，在地面或地下建造这种类型的设置，按人的意志获取廉价的能源。

地理 🔍

煤是怎样形成的

　　这个问题在 700 多年前就由意大利旅行家马可·波罗提出来了。他从中国回到欧洲以后对人们说，中国人烧一种从山里采来的黑石头，火力比木柴还旺。他觉得挺奇怪，欧洲人听了也觉得很新鲜。其实 2000 多年前，中国人就用这种黑石头烧火炼铁了。这种黑石头就是煤。

　　煤这种黑石头为什么能燃烧呢？木头、柴草能着火，是因为它们主要是由能燃烧的碳元素组成的。煤能烧，也是因为它的成分是碳，而且含量更高。其实煤就是木头变来的。

　　在几千万年、几亿年以前，地球上的气候比现在要温暖潮湿得多，海滨地区和内陆沼泽地带，生长着大片高大茂密的森林。死去的树木一层层地堆积起来，上面被泥沙掩埋，木头慢慢腐烂分解。组成木纤维的碳、氢、氧这三种成分中，氧和氢变成二氧化碳和沼气跑掉了，碳却留了下来。腐烂的木头变成了黑乎乎的泥炭。

　　多少万年又过去了，陆地沉入海底，泥炭层上面又被厚厚的泥沙覆盖起来。这些越积越厚、越压越紧的泥沙层，后来变成了沉积岩层。泥炭被夹在岩层里，受到高压和地热的烘烤，残留的氢和氧继续从岩层的缝隙跑掉，碳的比例越来越高，就逐渐变成了褐煤，进而变为烟煤，最后变成了纯净的无烟煤。如果碰巧了，你也许会从煤块上看到当年植物枝叶的痕迹呢！

地 理

南京雨花台的雨花石是从哪里来的

南京的雨花台，有许多五颜六色、表面圆滑、非常美丽的小石子，叫作"雨花石"。这些石子是从哪里来的呢？是河水搬来的。在今天的河滩上还可以见到许多类似的卵石，不过颜色没有这样好看罢了。

每当发洪水的时候，河流的搬运能力增强，能够把一些碎石块带走。一路上这些碎石块与河床之间，石块与石块之间，互相碰撞磨蚀，棱角逐渐被磨掉了。搬得愈远，时间愈久，也被磨得愈圆。当洪水消退时，河流搬运能力减弱了，这些卵石就被留在河滩上。

不错，河边有卵石也有沙子，但雨花台是个高高的土岗，河水流不上去，怎么会有河水带来的卵石呢？

雨花台从前不是这个样子的。在 200 万 ~ 300 万年前，这里还是块低地，河水从这里流过，从上游搬运来大量的卵石沙砾。这些卵石和沙砾一次又一次在河滩上堆积，后来地壳发生运动，也可能是海平面下降，总之是使两边的河滩抬高成为平台似的土岗。如果你在雨花台上四下张望，可望见附近还有好些平顶的土岗，它们的分布指示着当初的河道曾在这一高度上蜿蜒而过。

地 理

钱塘江秋潮为什么特别有名

　　我国钱塘江口的海潮，汹涌澎湃，气势雄伟。特别在中秋节后两三天，最为壮观，潮头高达 3～5 米，每秒钟推进的速度达到近 10 米，带来海水 10 万～20 万吨，同时发出巨大的声响，犹如千军万马在奔腾。宋代文学家苏东坡曾为它写下了这样的诗句：“八月十八潮，壮观天下无。”

　　涨潮和落潮是海边一种普遍的自然现象。在夏历望日（即十五日）后两三天，世界各地的潮水，普遍都比平时高涨。因为涨落潮的产生是受月球、太阳的引力和地球自转的影响，当地球、太阳、月球正好在一条直线上时，太阳和月球的引力合在一起，力量特别强大；中秋节正值夏历的八月十五，这时，它们的位置连起来恰恰接近直线，所以秋潮较大是个一般现象。不过像钱塘江口这样的涌潮现象，在世界上却很少见。

　　为什么钱塘潮会特别汹涌、巨大呢？钱塘江河口外宽内狭，形似喇叭。在杭州湾湾口（王盘洋）处宽达 100 千米左右，可是在海宁盐官镇附近的江面，大约只有几千米。当由外海来的大量潮水涌进狭窄的河道时，湾内水面就会迅速地壅高，钱塘江流出的河水受到阻挡，难于外泄，反过来又促进水位增高；另一方面，当潮水进入钱塘江时，横亘在江口的一条沙坎，使潮水前进的速度突然减慢，后面的潮水又迅速涌上来，形成后浪推前浪，潮头也就愈来愈高。另外，在浙江沿海一带，夏秋之间常刮东南风，风向与潮水涌进的方向大体上一致，也助长了它的声势。许多有利于涨潮的因素，都集中在钱塘江口，特别是秋天，因此那里的秋潮成了世界上少见的奇景。

人工消雾有哪些方法

　　雾是由空中悬浮的水滴或水晶组成的。有雾时，它阻碍了人们的视线，看不清远处的物体，交通运输大受影响。在江苏南部，人们把雾称为"迷路"。的确，大雾漫天，是会使人迷失路途的。汽车、船只、飞机等，在大雾中最易出事。尤其在飞机场，雾是飞机起飞、降落的一大障碍。例如，当飞机要着陆时，大雾覆盖机场、淹没路道。对于跑道的具体位置和高度，肉眼较难判定。在山区的机场，雾还有使着陆中的飞机撞山失事的可能。因此，怎样消雾，在多雾的机场上是十分重要的课题。

　　雾之所以能阻碍人们看清远物，是因为雾滴能大大散射来自目标物的光线，同时又能将它所直接散射的太阳光叠加在已减弱的目标物光线上，特别是这些叠加上去的光，比来自目标物的光更强。因此只有设法驱除雾滴，才能再看清物体。

　　消除雾滴的方法有两种：一种是使雾滴蒸发掉，另一种是使雾滴沉淀下来。

　　蒸发雾的方法又有两种：一是升高温度。就是燃烧石油等各种燃料，使雾滴化汽；二是把雾外干燥空气混入雾内，减少雾内空气的相对湿度，使雾内空气从原来的饱和状态，变为不饱和状态，使雾滴蒸发掉。为把雾外空气混入雾内，人们曾利用大风车或直升机。让直升机在雾顶来回巡翔，直升机的绕垂直轴转动的叶桨可以把雾外空气充入雾内，加速雾滴蒸发的过程。对于 300 米厚的雾，这种办法较为有效。可使雾中出现直径约 300 米的无雾地区，并可维持约 5 分钟。

使雾滴沉淀的方法，一般采用播撒冷却剂、人工冰核或吸湿性凝结核的办法。例如，对于过冷却雾来说，可播撒干冰，或在机场上风处蒸发液体丙烷，使温度下降；也可播撒碘化银等。这样，一方面能使一部分过冷雾滴变为冰晶；另一方面使未变为冰晶的一部分过冷雾滴蒸发化成水汽，这些水汽又转而凝结到冰晶上，使冰晶增大而沉淀到地面，使空中雾滴消失。对于暖雾来说，可播撒食盐、尿素等凝结核。它们在雾中吸收水汽，减少雾内水汽饱和程度，使雾滴蒸发而将水凝结到吸湿性催化剂溶液滴上。根据试验，催化暖雾用尿素最好，因为它没有腐蚀性，对作物无害。当吸湿性催化剂溶液滴因水分凝结而变大到一定程度时，就会沉淀下来，使机场的能见度变好。

当然，人工消雾的这些办法也可以被运用到城市中，使能见度转好，以便利交通运输、减少交通事故。

沙漠中为什么有绿洲

　　新疆的哈密、吐鲁番、阿克苏、莎车、喀什、和田等地方，到处是纵横的引水渠，灌溉着肥沃的土地。田野里绿色的庄稼在向人们点头微笑，五彩缤纷的果子散发着浓郁的香味，高耸着的钻天杨矗立在笔直的路旁，把人们引向人烟稠密的村镇。在这里，出产名闻中外的吐鲁番葡萄、哈密的瓜果和阿克苏的大米。但你能想象到这些富饶地区的周围，就是那风尘滚滚的沙漠吗？而它们与沙漠有多么不同啊！这里，特别是夏天，到处是一片葱绿，仿佛茫茫沙海中的点点洲岛，无怪乎人们叫它们"绿洲"。

　　沙漠中为什么会出现这些"绿洲"呢？

　　沙漠，它有充足的阳光和一望无际的原野。但是缺少水。水，对于沙漠是多么重要啊！哪里有丰富的水源，哪里就会出现"绿洲"。

　　那么，这些"绿洲"的水是从哪里来的呢？

　　如果你打开地图看一看，就会发现：这些"绿洲"大多背靠高山，面临沙漠。高山上是一片冰雪世界，终年白雪皑皑。每当夏日，高山冰雪融化，融雪水汇成一条条河流。河流在山地里流动时，因地形陡峻、水流湍急，能挟带大量沙石，甚至很大的石块也能搬运。但是，出了山口以后，地形突然变得平坦起来，河流流速骤减，挟带泥沙的能力大大降低，较大的石块首先沉积下来，接着较细的石子和泥沙也沉积下来，堆在山口附近。同时，由于水分沿途的渗漏和蒸发，除水量较大的河流能流得较远以外，许多河流往往不能一直流到沙漠的中心，就在半途隐入地下的沙子和卵石之中，成为地下水。在河流两岸和地下水丰富的地区，新疆各族劳动人民长期以来就引用河水或开发地下水来灌溉庄稼，供居民和牲畜饮用。所以，在沙漠边缘、背靠高山的地方也往往是"绿洲"分布的地方。

地 理

石板地"出汗"为什么说快要下雨了

有时候，阴凉地方的石板地和水泥的墙壁上会冒出湿漉漉的水珠来。有经验的人会说，石板地在"出汗"，天快要下雨了。

为什么下雨前石板地会"出汗"呢？

我们知道，晴朗的天气一般比较干燥，空气里面的水汽少，石板地上接触到的水汽也少；快要下雨以前，天气比较潮湿，空气里的水汽比较多，石板由于导热性能差，也不能吸湿。当石板地表面的温度，比空气的温度低时，流经石板地表面的空气，温度也会下降，当降到"露点温度"（水汽凝结成露珠的温度）时，空气里的水汽，就会在较冷的石板地表面逐渐凝结成水珠，也就是有些人说的"出汗"了。下雨前，空气很潮湿，自然会发生这种现象了。

其实，不仅石板地在下雨前会变得潮湿，水泥地、磨石子地、石柱子、水缸等都会这样。更有趣的是，下雨前，连乌龟的背壳也是潮湿的，道理也一样。

因此，石板地"出汗"是下雨的预兆。

当然，空气潮湿不是下雨的唯一原因，还得看其他的天气条件。

霜是怎样形成的

在寒冷的日子里，有时微风不动、星月皎洁；清晨起来，推窗远望，屋面上、草地里却雪白一片。如果你细心地翻起一块瓦片来看看，可以发现连瓦片底下也是雪白的霜。

地球上白天因为受到太阳光的照射，气温总是比较高一些。大地表面的水分不断蒸发，这样使得接近地面的空气中，总是有着一定的水汽。深秋、冬季和初春的夜里，气温非常低。特别是没有云、没有风的夜晚，寒冷的空气积贮在地面附近。当它和冷到零摄氏度以下的物体接触时，其中一部分的水汽就会附在物体上凝成冰晶，这就是霜。由于霜是地面附近的水汽凝结而成的，不是天上掉下来的，所以它就不管什么地方，只要有凝结的条件，它就凝结起来。有时我们从瓦片或石块底下也能找到它的踪迹，就是这个道理。

地理

水火真的永不相容吗

常言道，"水火不相容"，说的是水能灭火，水和火不能同时并存。然而，水火真的不相容吗？

物理常识告诉我们，由于普通油的密度比水的小，如果油水混合，油肯定浮在水面上。一旦油被点燃，水和火却相安无事。此时，我们是无法用水去浇灭火的，而且，泼水所溅起的水珠还会造成更大的危害，水珠溅到哪里，火就会烧到哪里；水流向哪里，火就烧向哪里。水火不但和睦相处，而且还火借水势、水助火威，越烧越旺。因此，现实生活中遇到油着火，千万别用水去浇，而是要用沙包或其他灭火剂扑灭。

在我国台湾省台南市白河镇东边的关子龄山麓，有一处水潭。水潭边上的山岩石壁中，有一股热泉常年涌出，注入水潭。泉水的温度有80℃，水池上方蒸气弥漫，水池底部不断有一股股气流冲出水面，水面上蹿动着几十厘米高的火苗。池潭中水花翻滚，水面上烈焰熊熊，水火和睦相处，双方相安无事，构成一幅水火并存的奇妙画面，真可谓一大奇观。

水面上并无油或其他的可燃物，火是从哪里来的呢？民间的传说是：火苗是一只火虎喷出来的，泉水是一条水龙吐出来的，火加热了水，所以成了热泉。科学工作者经过考察研究，找到了水火并存的原因。

原来，在这一带地区的地下，埋藏着石油和天然气。地下岩层的裂缝是地下热水涌出地面的通道，也是天然气喷上来的通气孔。巧的是，喷水的泉口边上，正好是天然气的喷气孔。天然气从水潭底部的气孔中冒出水面，不知什么时候，也不知是什么人，把天然气给点着了。火就一直这么烧着，源源不断冒出的天然气，使它成了不灭的火种。"水火同源"的奇异景象也就这样形成了。

地 理

为什么长江三角洲平原上也有许多小山

　　世界上有许多河口三角洲大都非常平坦，如著名的尼罗河三角洲、密西西比河三角洲等。我国的长江三角洲平原也以地势平坦、水网密布著称于世。但是就在这广袤的平原上居然也星星点点地或成群地分布着许多小山。翻开地图，我们可以看到，这些小山大致分为四群：一群在江阴常熟间的南岸沙嘴上，如江阴的黄山、花山，常熟的虞山等；一群在苏锡一带，如苏州地区的南阳山、穹窿山、灵岩山、天平山和著名的虎丘等，无锡地区的惠山、锡山、鸡笼山等以及昆山乃至上海境内的余山等七座山；一群在太湖中，形成太湖中的九十多个大小岛屿和半岛，最著名的如东、西洞庭山和马迹山；最后一群在长江北岸，如南通的狼山、军山、剑山，靖江的孤山等。

　　这些小山（或叫残丘）大多由石英沙岩组成，有些是由花岗岩、石灰岩、粗面岩等组成，如苏州地区花岗岩山就较多。由于长期的风化侵蚀，这些小山一般海拔较低，大多仅100～200米，最高的约300米左右，如洞庭西山的缥缈峰高336.5米，为长江三角洲平原上的最高峰。

　　长江三角洲平原上为什么会有那么多小山呢？如果掀掉小山周围的沉积物，就可以发现这许多小山原来都和浙江的天目山连在一起，呈东北——西南走向，可以说是天目山在东北方向的余脉。在地质史上，这些绵延的、海拔逐渐降低的余脉曾多次由于地壳沉陷、海水入侵而淹没了一些鞍部、低谷，使部分山头变成了孤岛。后来由于长江水流带着大量泥沙向镇江以东方向（当时还是大海）沉积，逐渐使这些淹没在海中的孤岛变成了点缀于平原之上的残丘，而散布于太湖中的孤山则成了湖中的孤岛或半岛。至于平原上个别火成岩的孤山，那是岩浆活动的结果，但长江泥沙的沉积同样是使它们成为孤山的原因。

　　长江中下游平原水网密布，气候暖湿，经济文化发达。由于这些孤山的点缀，便形成不少青山绿水、风景绝佳、古迹众多的游览胜地，吸引了国内外大批游客。所以就发展我国旅游事业来说，这些小山的功绩还真不能抹杀呢！

地理

为什么地球上的白昼时间越来越长

日子一天天过去，人们习以为常，没有一个人会说今天比昨天长一点，或者说今天比昨天短一点。但据美国航天局研究发现，现在地球的白天时间平均延长了 1/1400 秒，一昼夜平均长了约 1/700 秒。这样，每年大约延长了半秒钟。再过 120 年呢，每天便会延长 1 分钟。这样，若干世纪后，1 天便要超过 24 小时。

为什么一昼夜的时间会越来越长呢？科学家们经研究后断定，是地球自转速度变慢的缘故。但变慢的速度是不一样的，经计算表明，5 亿年前至 3 亿年前，地球自转速度迅速减慢。2 亿年前至今，每隔 5 万年，地球自转速度减慢 1 秒钟，到现在成了 1 天有 24 小时。

关于地球自转速度的变缓，科学家们的说法是不一样的。多数学者认为，由于涨潮产生的摩擦力，使得地球自转速度逐渐减慢。日本学者认为，涨潮产生的摩擦力的大小与大陆分布有关。5 亿年前至 3 亿年前，那时的大陆是沿赤道方向排列的，使涨潮产生的摩擦力较大，因而地球自转减慢得较迅速；2 亿年前以后，大陆按照南北方向排列，使涨潮产生的摩擦力相对减少，地球自转速度的减慢就自然变缓了。

总之，地球上一天中的时间将越来越长。

为什么洞穴是古代动物化石的"储藏库"

北京西南 50 公里的周口店盛产石灰石。人们采石灰石时，发现石灰岩山洞和裂隙堆积里，有许多古代动物化石。他们把储藏小动物化石的地点叫"鸡骨山"；储藏大动物化石的地点叫"龙骨山"。

1927 年，在龙骨山的洞穴里发现了一个古人类的下臼齿化石。1929 年，青年古生物学家裴文中在这里发掘出一个完整的猿人头盖骨，这就是有名的"北京猿人"。

我国的石灰岩分布广泛。在石灰岩洞穴里，常常可以找到古人类和古代动物化石。著名的广东马坝人、湖北长阳人、广西柳江人和北京山顶洞人化石，都是在石灰岩洞穴内发现的。

为什么洞穴是古人类和古代动物化石的"储藏库"呢？

原始人为了躲避风雨，防备野兽袭击，常常居住在山洞里。他们出外打猎，把打到的猎物带回来藏在洞里。那些没有吃完的猎物和被吃剩下的骨头、牙齿，经过几十万年，变成了化石，连同原始人的遗骸以及生活用石器在一起，都贮藏在山洞的泥土里。

在冰期时代，有的古代动物为了躲避寒冷也喜欢住在山洞里。凶猛的洞熊、洞狼等把许多小动物拖进洞里来吃，也留下了这些小动物的骨头、牙齿，年深日久经过了若干万年，也都变成为化石。

人们发现有的山洞不是原始人和古代洞穴动物的住所，却也有许多古代动物化石，这又是怎么一回事呢？

人们仔细一看，发现了它的秘密。原来有的动物化石和许多被冲磨得圆溜溜的卵石混在一起，它们是被地下流动的暗河河水冲带来的。有的化石埋藏在乱石堆里，是一些动物不小心跌进地洞摔死的，经过若干万年，变成了化石，暗河水把它和石子一块运到了这里。

洞穴，是一个天然的储藏库，它静悄悄地保存了许多古代动物化石，等待着人们前来发掘。

为什么会出现梅雨绵延

　　从我国江淮流域到日本南部，每年初夏6～7月，都会有一段连续阴雨时期，降水量大、降水次数多，这时正值江南梅熟季节，所以称为"梅雨"。由于这段时间里多雨阴湿，衣物容易受潮发霉，因此又俗称"霉雨"。

　　我国梅雨主要发生在湖北宜昌以东，北纬26°～34°的江淮流域地区。梅雨结束后，雨带北移到黄河流域，长江流域的降水量明显减少，晴好天气增多，温度升高，天气酷热，进入盛夏时期。

　　梅雨的形成与东亚季风活动有密切关系。我国地处中纬度地区，东南靠海，受东亚季风活动影响很大。每年春末夏初，夏季风开始活跃，从海上带来丰沛的水汽，空气湿度显著升高。到了6月上旬左右，夏季风势力进一步加强，大量的暖湿气流一直推进到我国江淮流域。这股来自南方海上的暖湿气流与来自北方的干冷气流在江淮流域上空相遇，从而形成了一条基本上呈西南—东北向的狭长降水带。由于这条雨带两侧的冷暖气团的势力不相上下，势均力敌，因此，雨带维持时间长、范围大、降水量多。

　　梅雨天气开始、结束的迟早，梅雨期的长短和雨量的多少，取决于当年冷暖空气的强度和进退时间。有的年份，梅雨最早可出现在5月份，称为"早梅雨"，出现在6～7月份的梅雨被称为"正常梅雨"。一般来说，进入梅雨时间早，梅雨期长，总降水量也大。个别年份，因来自南方的暖湿空气太强，直驱北上，越过江淮流域而进入华北地区，使江淮流域梅雨期降水很少或无雨（俗称"空梅"），从而造成江淮流域大范围干旱天气。

为什么近期内唐山不会再有大地震

1976 年 7 月 28 日，一场巨大灾祸突然降临华北平原，唐山市一夜之间成了废墟，唐山人在睡梦中失去了家园和亲人。但唐山人并没有被这灾难所吓倒，而是在党和全国各地人民的关心和援助下，在废墟上重建了家园。如今你再到唐山去，就很难看到地震留下的踪迹了。

现在唐山以崭新的面貌矗立在华北平原上。我们在为唐山人民庆幸之余，不禁要问：新唐山会不会再遭到大地震？城市的安全和坚固程度又怎样呢？

根据有关部门研究报告表明，唐山在数百年内不会再次发生类似 1976 年那样的大地震。理由有如下几方面：

首先从统计学角度讲，根据有历史记载以来对华北地区历次强地震重复性统计数据表明，8 级以上地震没有在原地重复发生过；7 ~ 7.9 级地震在 400 年内，50 千米范围内，重复发生的概率小于 0.02%，即可能性很小很小。

其次从地质构造上讲，由于 1976 年唐山地震除 7.8 级主震外，还发生了一系列 6 级以上强余震，这样造成唐山市地下岩层破碎程度较高，使今后的地震强度因震波受阻而相对减弱。同时，因为唐山市地壳内部的受力方向没有发生变化，仍与华北大区域相一致。而一次具有破坏作用的大地震的能量积累要经过一个很长很长的过程，所以唐山市在今后数百年内不可能迅速积累起造成再次强烈地震的能量。

最后从建筑学上讲，城市建筑师们在设计新唐山的建筑物时，已经把抗震因素考虑进去，即新房采用框架结构等，使新唐山的建筑物的抗震标准均在烈度八以上。

综上所述，无论从统计学、地质结构或建筑结构角度看，新唐山近期内不可能发生大地震，即使有地震，烈度也不会太大。因此劫后余生的唐山相对来说是安全的。

地理

为什么石灰岩洞中的钟乳石往下长，
而石笋往上长

你见过钟乳石和石笋吗？在广西桂林的七星岩这样的溶洞里就有。钟乳石和石笋大不相同，一个像冬天屋檐下的冰柱，从上面垂下来；一个像春天从地面下"冒"出来的竹笋。

"出产"钟乳石和石笋的石洞，都是石灰岩构成的。洞顶上有很多裂隙，每一处裂隙里都有水滴渗出来。每当水分蒸发掉了，那里就留下一些石灰质沉淀。一滴、二滴、三滴……水滴不断地出现，洞顶上的石灰质愈积愈多，终于生成一个乳头——这是钟乳石的"童年"时代。以后，乳头外面又包上一层层石灰质，以至于越垂越长。有的钟乳石的长度能达到几米以上。

石笋是钟乳石的亲密伙伴。当洞顶上的水滴落下来时，石灰质也在地面上沉积起来。就这样，石笋对着钟乳石向上长。可以说钟乳石是"先生"，石笋是"后生"。但石笋底盘大，本身比较稳定，不容易折断，所以它的"生长"速度常比钟乳石还快。石笋的最大高度能达 30 米，像是一座平地里长出来的"石塔"。

往下长的钟乳石，有时候也会和往上长的石笋接在一起，连接成一个石柱，两头粗，中间细，不明底细的人还以为是谁凿出来的呢。在许多石灰岩洞里，钟乳石和石笋多数不是连在一起的；那是因为钟乳石不是折断了，就是过多的石灰质堵塞了水滴的通路，水滴被迫转移到另一处，又长出一根新的钟乳石。这样，钟乳石和石笋就不会"碰头"了。

地下水真像是一个技艺高超的"雕刻师"。凡是它流过的地方就会流下痕迹，有时是刻成一道沟，有时是雕成一个洞，或是塑成一根钟乳石，或是塑成一根石笋，或是塑成一根石柱；再把它们组成了"树林"、"珠帘"等奇丽景色，使各种姿态的石头出现在洞穴里。

世界上有许多形状奇特的地下石洞。它们都是由地下水"建筑"成的。

地 理

为什么说长沙是我国的 "火炉" 之首

　　根据国家气象中心提供的气象资料，1951～1980年的极端最高气温，南京为40.7℃，长沙40.6℃，南昌40.6℃，重庆40.2℃，杭州39.9℃，武汉39.4℃。然而，一个地方的炎热程度，要以极端最高气温、高温天气日数、感热温度等几个方面进行综合分析，不能仅凭一个气象要素决定。

　　根据以上3方面的综合分析，气象部门认为长沙为我国的 "火炉" 之首。

　　长沙为何如此炎热？首先是长沙位于北纬28°12′，比南京、武汉、重庆、杭州、南昌低1～2个纬度。夏季白昼时间长，太阳高度角大，直接辐射强，7、8、9这3个月太阳总辐射1733兆焦/米^2，因而地面增热快，气温急剧升高。其次是大气环流影响，夏季太平洋副热带高压势力增强，长沙经常处于副高脊线附近，高空气流下沉，晴朗少云，烈日当空，骄阳似火，温度迅速增高。最后是降水少，历年平均降雨量为418.3毫米，均比上述几个城市少。最热的7月降雨量仅为112.5毫米，比南京少71.1毫米，比武汉少43.7毫米。高温少雨，更加酷热，所以夏日的长沙是我国的 "火炉" 之首。

为什么天空会出现虹

夏天雨后，乌云飞散，太阳重新露头，天空常常会出现半圆形的彩虹。

多年来，人们欣赏虹，流传着虹的神话，同时也努力揭开虹的秘密。

北宋沈括在《梦溪笔谈》中引用孙彦光的话说："虹，日中雨影也。日照雨，则有之。"虹是由于阳光射到空中的水滴里，发生反射与折射造成的。

在下雨时，或者在雨后，空气中充满着无数个小小的能偏折日光的水滴。当阳光经过水滴时，不仅改变了前进的方向，同时被分解成红、橙、黄、绿、蓝、靛、紫等色光，如果角度适宜，就成了我们所看到的虹。

空气里水滴的大小，决定了虹的色彩鲜艳程度。空气中的水滴越大，虹色越鲜艳；水滴越小，虹色越淡，形成白虹。

那么为什么夏天雨后往往有虹，而冬天却没有呢？

因为夏天常常下雷雨或阵雨，这些雨的范围不大，往往是这边天空在下雨，那边天空仍闪耀着强烈的阳光。有时候，雨过以后，天空还飘浮着许多小水滴，当太阳光通过这些小水滴时，经过反射和折射作用，天空中美丽的彩虹就出现了。

冬天，天气一般较冷，空气干燥，下雨机会少，阵雨就更少，多数是降雪，而降雪是不会形成虹的，所以冬天不会出现虹。

俗话说："东虹日头，西虹雨。"根据虹出现的方向，可以预测未来的天气。这也是因大气自西向东运动的一般规律形成的。

为什么天山、昆仑山、祁连山
都是"返老还童"的山

　　在我国西北部，最壮观的大山要算天山、昆仑山和祁连山了。这些山高耸入云，山顶终年积雪。像这样巍峨的高山，很难想象它们都曾经有过作为平原的身世。

　　地质学家曾在天山、昆仑山和祁连山4～5亿多年前形成的地质层中发现大量海生动物的贝壳、棘刺和甲壳。这说明现在矗立着崇山峻岭的地区，当年都是波涛汹涌的海洋。地质学家称这些海洋为天山海槽、昆仑海槽和祁连海槽。

　　直到4亿年前的早古生代末期，祁连海槽发生强烈地壳运动，地层受挤变形，地面上升，海水退落，形成高大的褶皱山脉。山高坡陡，构成山体的岩石被风化，碎裂成带棱角的粗大颗粒顺坡滚下，逐渐在高山周围的山麓地带堆积起来，称为磨拉石颗粒沉积岩。磨拉石颗粒越粗大，积聚的厚度越厚，说明近旁原来的高山越高。地质学家在祁连山地区发现了3.7亿～4亿年前的磨拉石，由此可见那时候的古祁连山已经破水而出。

　　天山海槽和昆仑海槽则是在距今2.5亿年前后的古生代末期，演变为古天山和古昆仑山。在漫长的中生代时期，祁连山、昆仑山和天山地区的地壳运动趋于稳定，历经千百万年的风雨剥蚀，高山上的岩石被瓦解了，山岩崩落，泥沙流失，流水把高处的岩石碎屑搬运到地势低的地方。就这样，高峻的山脉逐渐衰老，变成起伏不大的平原，古天山、古昆仑山和古祁连山消失了。这种由剥蚀作用形成的平原，不同于由大量泥沙堆积而成的冲积平原，叫作侵蚀平原或准平原。

　　近 4000 万年来，印度板块与亚洲板块之间的距离每年缩短 5 厘米，那里的地壳总共缩短了大约 2000 千米。印度板块撞击亚洲板块，除了直接造成青藏高原急剧隆起外，挤压力还向北传递至昆仑山、天山和祁连山地区，致使原来已经成为准平原的地面重新上升，形成了现今的祁连山、昆仑山和天山。而把中生代时期形成的准平原抬升到了几千米高的山顶上，构成独特的"平顶山"，山顶上的这块"平顶"石就是三座大山一度消逝的见证。在地质学中，把准平原再度上升为高山的现象称为"返老还童"。天山、昆仑山和祁连山是世界上最典型的"返老还童"山系。

地理 🔍

为什么我国岭南有"四时皆是夏，
一雨便成秋"的说法

　　我国的岭南一般是指南岭山脉以南的地方，大致包括广东和广西两省区；但从广义地说，南岭山脉向东延伸到福建西境的武夷山脉，那么福建和台湾两省也可包括在内。这4个省区的气候对全国来说是最温暖的。这里几乎没有冬季，夏季达5~6个月以上，至于海南岛，则长达8个月以上。实际上这里的冬季还是非常温暖的。如广州和南宁，1月份平均温度为13℃多，福州为10℃，台北约为15℃。根据气候学上的标准，假如每5天的平均温度在10℃以下才能称为冬天，那么只有福州在1年之中才有5天算是冬天。所以在冬季除了少数的日子有些地方需穿薄棉衣外，一般只需穿夹衣就够了。这里常常在一天之中，从早上到晚上，都是一样的热，假如你在夏季到广州的话，你经常会感到汗流浃背呢！在这时，只有在下了一场雨之后，才会感到凉快些。难怪宋朝的文学家苏东坡曾说这里的气候是"四时皆是夏，一雨便成秋"。有时在一天之内，晴雨变化不常，因此又有"一日备四时气候"的说法。

　　那么，为什么我国岭南地区有"四时皆是夏，一雨便成秋"的特点呢？这主要是由于地理纬度和地形条件决定的。从纬度来说，我们可以从地图上看到北回归线正好穿过台湾、广东和广西3个省区的中部，如果按照地理纬度来划分，这条线以南是热带的范围，这条线以北则属亚热带。假如以1月份10℃的等温线来划分，这条等温线大约经过福州以北向西南经广东的韶关和广西的柳州、百色等地，等温线以南是全年无冬的地区。所以从地理纬度来说，我国的岭南地区正位于热带和亚热带之间，大部分地方都是无冬的地区。

再从地形条件来说，南岭山脉西起广西和广东两省区北部的五岭，东延为福建西部边境的武夷山脉，它的高度一般在海拔 1000 ~ 1500 米左右，它对于冬季北方南下的寒冷气流有屏障作用。虽然有时北方强大的寒潮也可以到达岭南，因而使广州和南宁等地 1 月的日平均温度可降至 4℃ 以下，但这样的次数在一年中是并不多的。再以这里的地势北高南低（福建则是西高东低），有利于接受从海洋方面吹来的暖湿气流，使这里的气候更显得温暖湿润，所以地形条件也是形成这里气候暖热的主要原因之一。

由于以上这两种因素的影响，所以岭南地方成为全国气候最温暖的地区。实际上这里的气候并不是以四季来分，而是分为三季：即凉季，11 月至次年 2 月，这时东北季风盛行，气候最是凉爽；暖季，3 ~ 6 月，这时海上的暖湿气流开始进入，气温增高，降水较多；暑季，6 ~ 10 月，常有台风吹袭，天气最热，降水最多，这个时期气温的日变化也最大，一天里面，温度升降可达 6℃ ~ 8℃，因此"一雨便成秋"确是符合客观实际的说法。

由于我国的岭南一带全年高温多雨，这就给热带作物的生长提供了便利条件。

为什么夏天常常有雷阵雨

夏天的午后或傍晚，常常使人感到异常闷热，一会儿突然雷声隆隆，电光闪闪，大雨滂沱，天气像发了怒一样；可是，不久后，雷声远去，乌云消散，蓝天与白云相衬托，显得十分宁静美丽，空气也分外新鲜，这就是我们在夏天常遇到的一种天气现象——雷阵雨。

雷阵雨是因为夏天的天气酷热，空气在局部地区出现强烈对流，使大量湿热空气猛烈地上升，造成积雨云所形成的。

夏天，在空气中有很多水汽。当地面在强烈的太阳照射下温度升高以后，空气就会向上抬升。水汽被强大的上升空气推送到 1～2 千米上空以后，就形成了大块的积云。夏天，我们常常看见天空飘动着一小团、一小团像棉花球似的云，那就叫积云，它们往往是积雨云的前身。空气继续上升，能使积云的云块不断加厚和扩大，变成了浓积云。这时如有适当的条件配合，浓积云就会继续向上发展，升到 7～10 千米以上的高空，形成积雨云。到了这么高的上空，由于遇到稳定的气层或者向上伸展的力量不足时，云的顶部就会向四边扩展。在下雷阵雨前，我们常常看到天空中的乌云加厚和扩展得很快，只一会儿工夫就布满了整个天空。

因为在这几千米厚的积雨云里，蕴藏着大量水分。其中除水汽以外，还有小水滴和冰晶，其中有些小水滴和冰晶在云中随着云体的发展而增大，当上升气流无法托住它们时，就降落到地面上，融化成为雨滴。通过气温较高的云层时，其中大水滴成为雨滴；大的冰晶就变成了雪珠，又融化成为阵雨。

由于产生积雨云的强烈的热力对流，只有夏季才易于出现，所以雷雨也常常在夏季出现。又因为由于热力对流所造成的积雨云扰动很厉害，往往会发生闪电现象；而且其中上升气流时强时弱，一块积雨云过去后，另一块积雨云又移过来，所以雨量时大时小，变化很大，而且又是一阵阵的，所以称为雷阵雨。

在大陆上，正午以后，空气温度最高，这时上升运动也最强，所以雷雨多数发生在午后至傍晚这段时间里。

在海洋上，由于海水比热大，以及它吸收的太阳能量能向深层传递等原因，白天接近水面的空气温度不高，整个空气层十分稳定，不容易产生对流性雷雨；到了夜间，上层空气冷却，而下层空气在水面的影响下，温度明显地高于上层，于是空气变得不稳定，发生了对流，因而形成了雷雨。可见大陆上的雷雨多半发生在白天，海洋上的雷雨多半发生在夜间。

为什么重庆的雾特别多

　　重庆是著名的多雾城市之一，平均每年有 100 多天有雾，多雾的 1 月份，平均两天中就有 1 天有雾。有时大雾弥漫，几步之外，面目不辨，只见模糊的身影。阳光像透过毛玻璃那样微弱，太阳如同朦胧的月亮。有时连日浓雾，不见太阳。

　　为什么重庆雾特别多呢？

　　重庆在长江、嘉陵江的汇合口，空气比较湿润，全年相对湿度达 80% 以上。周围又有高山阻挡，地面又崎岖不平，风力不强，空气中的水蒸气不易吹散。每当天气晴朗、微风吹拂的夜晚，地面散发出来的热量急剧冷却。靠近地面的潮湿空气，由于温度迅速下降，空气里含水蒸气的能力变小，一部分水蒸气凝结成无数细小的水滴，飘浮在贴近地面的低空，形成了雾。特别是冬季，由于日照时间较短，太阳辐射微弱，白天虽能使雾变得薄些，却往往不能使雾霾完全消散。到了日落以后，由于盆地地形的影响，山坡上密度较大的冷空气会向盆地底部下沉，积聚在盆地底部，更有利于雾的形成。所以，重庆的雾特别多。

未来的地球将会变成什么样

　　我们的地球历经几十亿年沧海桑田的变化，才形成今天的海陆分布和起伏的地形，而且这种变化至今还在不断地进行着。

　　经过科学测定，科学家推测几千万年后，印度洋板块继续与亚欧板块碰撞，印度半岛将会俯冲到青藏高原下面；喜马拉雅山则因为两大板块的碰撞、挤压而上升到万米；澳大利亚大陆在向北漂移过程中，将携带中途遇到的马来群岛，并最终将同中国南缘相接。到那时，太平洋将不断缩小，上海同美国夏威夷群岛间的距离将缩短。在美洲与亚洲之间将会升起一座新的雄伟的山脉，中国将会成为一个内陆国家。另外，非洲不断地北移，日趋向欧洲靠近，地中海将逐渐缩小，直至在地球上消失。到那时，欧洲与非洲联结在一起，它们之间由于两大板块的碰撞，会形成新的高大山系。与此同时，著名的东非大裂谷分裂，海水乘隙而入，一个新的海洋将会诞生。北美西部的加利福尼亚半岛将沿着断层与北美大陆分裂，向北漂移，洛杉矶将远离旧金山而去。

我国北方的黄土是从哪里来的

如果到黄河流域旅行，当火车经过河南的三门峡市向西进发，就能见到铁路两旁灰黄色的土壁像城墙一样高高耸立。再进入山西、陕西、甘肃东部的河谷地带，黄土陡坡矗立，蔚为壮观。要是站到较高的山坡上，或者从飞机上往下看，灰黄色的原野，更是无边无际。这就是我国著名的黄土高原。

黄土高原的面积约 40 万平方千米，海拔 800～2000 米。如果再加上我国其他地区的黄土，全国的黄土面积约有 63 万多平方千米，约占全国总耕地面积的 6.3%。

这许多黄土是从哪里来的？它们是在什么时候形成的呢？地质学家们对此提出了种种假说，其中要算风成说最为主要。

根据被埋藏于黄土里的化石以及黄土本身的矿物成分、颗粒粗细、岩石结构等特点，风成说认为 200 万年以来，特别是数十万年以来的中、晚更新世时期，我国西部地势不断上升，干燥气候区日益扩大。原来广泛分布在新疆、内蒙西部、宁夏一带地表的第三纪沉积的沙岩、粉沙质泥岩及沙砾岩等比较疏松的岩石，在强烈的风化作用下，出现戈壁或沙漠。每当冬春季节，强劲的西北风把沙、粉沙、尘土随大风朝东南方向飘扬。细沙子首先在戈壁或沙漠的外围地带降落；再细的粉沙土在甘肃东部、山西、陕西降落；更细的尘土被吹得更远，向东到河南、河北、山东、东北各省，甚至长江下游一带降落。风沙严重的时候，黄尘蔽天、太阳无光。就这样，长期的飘落，日积月累的堆积，便在我国北方形成大面积的黄土。原来降落在山地高处的黄土，又由于雨水冲刷，携带到河谷低地，所以谷地里的黄土堆得特别厚。

另一种称为水成说，认为黄土的分布有一个极限（高度各地不同），超过这一高度，黄土就不再出现了。另外，还发现黄土层的底部有一砾石层，而这浑圆的砾石层却是典型的河流沉积物。于是他们就认为，黄土是水成的，黄土的原籍在黄河的上源。

再一种叫风化说。主要是认为黄土高原上的黄土是本地的岩石不断地风化变成的。

最后一种是综合成因说。论点是黄土既有由西北、中亚的风吹来的，也有由河流带来的，还有本地岩石风化的。

最新的假说是灾变说。认为由于青藏高原和喜马拉雅山在剧烈隆升过程中释放能量，产生大量洪水，洪水带来的黄土沉积下来形成高原，因此，黄土高原形成的根本原因是板块碰撞产生的。

我国北方的黄土究竟是从哪里来的，这有待科学家进一步探索。

地 理

雪花为什么是六角形的

冬天，当下雪时，如果你卷起黑色的衣袖，让雪花掉落到袖子上，进行仔细观察，可以看出它是六角形的。

这样细小的雪花，为什么会形成千姿百态的六角形呢?

原来雪花的基本组织是冰胚，每一个冰胚是由 5 个水分子组成的。其中 4 个水分子分别在 1 个四面体的顶角上，另有 1 个水分子位于四面体中心。许多冰胚互相连接，就组成了冰晶，许多冰晶结合，就形成了雪花。因此，雪花之所以呈六角形，是与一些水分子怎样结合成为冰胚，以及冰胚怎样结合成冰晶等有关。

光是六角形的结合，并不一定能组成很对称的六角形雪花，根据研究，雪花在空中飘浮时本身还会振动。这种振动，是环绕对称点而进行的。这样，就保证了在增长过程中的雪花，始终保持六角形。至于六角形的千姿百态，则与雪花在空中飘浮时，空中的温度和湿度条件不同有关。

在我国南方，由于近地面空气温度比较高，雪花从空中飘落下来，就会部分融化，变为湿雪花，六角形就会有些破坏。湿雪花在空中互相碰撞，还会黏并起来，形成不规则的鹅毛雪片。

燕京八景指哪些

在旅游的黄金季节到来时，人们总想开辟几个景点去游览。"燕京八景"历来为人们所仰慕，你想去看看吗？你知道它们现在在哪里吗？

"太液秋风"就是现在的中南海。深秋时节，驻足于水榭，尽情观赏太液池的风景，秋风飒爽，感觉甚是舒服。

"金台夕照"目前金台已经被毁掉了，原来在朝阳门外东南方向，（现朝阳区金台路附近）曾经有一座仿造战国时代燕昭王黄金台而构筑的金台。那时，每当晚霞烧红天边的时候，美丽的景色常常使人流连忘返。

"蓟门烟树"位于德胜门外元代旧土城的西北角，现仍保存有"蓟门烟树"碑。这里绿树成荫，田园风情浓厚。

"西山晴雪"在西郊香山，至今仍保存有"西山晴雪"碑。每当大雪初晴，银装素裹，空气清新，景色很是美好。

"玉泉垂虹"曾经坐落于西郊玉泉山，目前此景观已不复存在。清朝康熙帝在玉泉山曾经建造了一座静明园，这里有清泉从山崖中喷射出来，在太阳光的映照下，如瀑布般垂泻下来。

"琼岛春阴"现为北海公园上的白塔山。初春季节，登高远眺北海，有一览众山小的感受。

"卢沟晓月"位于西郊的卢沟桥头，每当清晨天色还未亮的时候，刚刚从沉睡中苏醒过来的月色，带着朦胧的诗意，让你禁不住被这美景折服。

"居庸叠翠"在长城居庸关上，这里的景观到现在仍然被保存完好。被绵延不绝的青山翠岭包围，美不胜收，让人心旷神怡。

云是怎样形成的

天空的云有高有低，高的有一万多米，低的只有几十米。

云是潮湿空气在上升的过程中形成的。潮湿的空气在上升时，因为周围的气压逐渐降低，体积就会逐渐膨胀，气温也跟着降低。这时空气里的一部分水汽就会凝结成小水滴（又叫云滴），而且小水滴越来越多，最后成为云。潮湿空气大致通过以下几个途径的作用发生上升运动而成云：

第一是热力作用。在晴朗的夏日里，由于日照强烈，近地面的气层被急剧地增热，热而轻的空气就发生上升运动。我们在夏季白天常见的山丘状或宝塔状的云，就是由于这种作用形成的。

第二是锋面作用。"锋面"在气象学上指的是冷暖空气交锋时的界面。当暖而轻的空气向前推进时，遇到冷而重的空气的阻挠，暖空气就会主动地在冷空气斜面上滑升，这时的界面叫作暖锋面。暖空气在暖锋面上倾斜滑升，就会形成大范围深厚的云层。当冷空气前进遇到暖空气时，就会冲到暖空气的下面迫使暖空气上升，这时的界面叫作冷锋面。暖空气被迫在冷锋面上上升，也会产生浓厚的云层。

第三是地形作用。平流的湿空气遇到山脉、丘陵或高原等地形的阻挡时，就会被迫上升，在迎风山坡形成云或雾。

此外，由于空气的垂直对流作用，以及由于湿空气层夜间的辐射冷却作用，也会使空气中的水汽凝结成云。

不论由什么方式形成的云，由于云滴都很小，下降的速度很慢，只要很弱的上升气流就可以把它们托住，所以云块能悬在空中而不会掉下来。

真有"魔鬼城"吗

　　我国新疆维吾尔自治区西北部的茫茫戈壁荒漠中，的确有一个被人们称为"魔鬼城"的地方，这个"魔鬼城"在克拉玛依东北方100多千米外的乌尔禾地区。远远望去，能看到一片古老的城堡群，城垣高大而不规则；还能见到许多大小相间、高低错落的建筑物，绵延几千米长。到了夜晚，在淡淡的月光下，城堡群显得阴森恐怖。平时城里一片死寂，可是大风吹过时，城堡里会传出各种尖厉刺耳的怪声，令人毛骨悚然，所以这里得了个"魔鬼城"的称号。

　　一旦走近"魔鬼城"，你就会发现，这里根本就没有什么城堡，只不过是突起于荒原上的一片低矮山丘。外围山顶较为齐整，状似城垣，后面暗黄色高低错落的山丘犹如古代城堡，见不到一座人工建筑。"魔鬼城"是风的杰作，它的正名应是"风城"。这一带正好位于通向中亚地区的风口处，西北风从中亚呼啸而来，狂风卷着沙石冲击着这一带的山岩。由于风向随着地形转换，下层风沙吹蚀能力比高层大；以及岩层软硬的不同，因而经过风沙长年累月地吹磨，这一片丘陵就被雕造成了人们现在看到的奇特形态。有了"城"之后，风吹到这里，因受复杂地形影响，在"城堡"里转来转去，形成一股股旋风，再加上山体的回声，因此就发出了阵阵怪异声响。

第四章

动　物

　　动物是人类忠实的朋友和伙伴。在动物身上，人类发现了许多奇特而有趣的现象，让我们一起去探知蕴藏在其中的秘密吧。

动物会治病吗

没有人类照看的动物生了病，怎么办？请别担心，一些极有灵性的动物也有一套"自诊自疗"的医病妙法。据外国新近的研究资料表明，有些动物自己或相互间有时还会寻找天然药物来治病祛邪、健体强身。这些药物其实就是"中药"，事实上有些中药就是在动物的"启发"下发现的。

人们只知道紫苏草可解鱼蟹之毒，并不了解这是水獭对华佗的"秘传"。相传我国古代名医华佗曾目睹一水獭因生吞了一条大鱼后腹胀难忍，凄惨欲绝，一只"见义勇为"的老水獭采了一种紫色野草，令它吃下。没过多久，在死亡线上挣扎的病水獭大病痊愈。华佗见状，认定这紫色野草是一味好药，遂大量采集、研究，用来治疗鱼蟹中毒病人，无不应效。故华佗将这紫色野草取名为"紫舒"，即紫苏，并流传了下来。

我国著名的云南白药是采药人曲焕章受到老虎和蛇的"启发"而研制成功的。曲焕章是一名好猎手，一次他打中了一只老虎，第二天请人去抬，发现老虎已经不见了，他跟踪追寻，最后查明带伤的老虎是吃了一种植物的叶子而止住了血逃走的。又有一次，曲焕章看见一条被樵夫的利斧砍掉一大段尾部的蛇，负痛窜入灌木丛中，便近而视之，只见伤蛇从一株草木植物上咬下几片叶子嚼烂后敷入伤部，须臾血止。于是曲焕章将这种植物采撷后加入祖传治疗跌打损伤的药方中，使止血的疗效更为显著，成为誉满全球的云南白药。

有种蛇药的主药叫"半边莲"，是由我国蛇医发现的。一次蛇医出诊，看见一条狗被蛇咬伤后，往山里猛跑，他跟踪前去，见到那条狗正在山背面吃着长在阴湿地面上的一种草，吃后就不再出现蛇毒症状。他把这种草采回来辨认为半边莲，此后用于蛇咬伤，有较好的疗效。

在俄罗斯境内某一林区里经常可见一些有气无力的狗獾，躺在蚁巢里任蚁群撕咬。原来，这些狗獾巧妙地利用了蚂蚁撕咬时分泌的蚁酸来医治其风湿病或寄生虫病。看来，许多风餐露宿的猎人喜欢食蚂蚁粉和蚂蚁制品是有一定科学道理的。如今将其制品用来治疗风湿病或增强抗病能力，不能不说是一种触类旁通、由此及彼的启示运用。

蚂蚁在觅食时往往会同时捎回些植物叶子或种子储藏于蚁穴的潮湿处，是何原因所致？原来这些种子或叶片上均带有微生物真菌的孢子。孢子能在阴湿的环境中大量增殖并分泌抗菌物质，从而保证了蚁群的健康及贮存的食物不致腐败。从蚂蚁"招赘"的真菌体内，苏联科学家成功地提取出了一种新型的抗菌素。

生长在热带丛林中的猿猴，如果感到自己有点不舒服，周身打冷战，就会去嚼金鸡纳树的树皮，病很快就痊愈了。人类服用奎宁是不是向猿猴学的呢？

我国云南省有位哈尼族乡医，一次在大树下休息时，将一条长二十多厘米的蜈蚣切成两段，后来又有一条蜈蚣爬过来，围绕断蜈蚣转了两圈，便爬到草丛里拖回一片鲜叶子，将其覆盖在断蜈蚣受伤的地方，用嘴轻轻地嚼。过了一小时，那断为两段的蜈蚣居然扭动了几下身子慢慢地爬了起来。乡医把剩余的半片叶子带回家中，经辨认原来是一种接骨草。他上山采了一些，捣烂后用来治疗骨折，结果治一个好一个。

春天，北美洲的大黑熊从冬眠中刚醒来时，身体总是不舒服，精神萎靡不振。这时它便去寻找一些具有轻微致泄的果实吃，很快就会恢复健康。

猩猩的牙龈发炎疼痛不止时，就会用爪挖些烂泥糊在脸颊上，然后再用两爪紧紧按住。

有一种野鸡叫作吐绶鸡，当小鸡雏被雨淋湿而感冒时，母鸡就强迫小鸡吃安息香的树叶，吃了这种苦味的树叶之后，雏鸡的病情就渐渐好转。

据动物学家观察，一条蝮蛇的头部被另一条蛇咬伤后，头部很快就肿了起来，连嘴都肿得合不拢。这时，它就拼命喝水，在14分钟内，连续喝了216口水。过了两个小时之后，头部的肿胀竟渐渐地消失了。

有人曾见过这样的趣事：有一只山鹬的腿被枪打伤了，跌落在河边，它便取来一些黏土先敷在受伤的地方，然后拐起脚，收集了些草放在黏上面，一同"包扎"起来，足足缠了一个多小时，就像人的外科石膏固定一样，等"绷带"全部缠好后，便缓缓飞走了。

野兔患了肠炎后，就会去寻找马莲吃。如果受伤，它还会用蜘蛛网上的黏丝止血。野猫患了肠胃病，就大嚼鲜嫩青草。海豹受伤后会去觅食一种有愈合功能的海藻。家狗、家猫感到全身不舒服时，也会跑到野外找一种青草吃。鹿中了猎人的毒箭，会迅速寻找豆类植物的茎叶食用，以解毒自救。这些都是对症下药的有效措施。

受伤的大象，会寻找一些含碱的沙子，给自己的伤口消毒。如果它生了病，也会找一些有医疗作用的野草和水草吃。野牛生了疥癣，便到泥潭里打个滚儿，然后晒干，反复数次，很快就会痊愈。獾发现自己的"子女"得了皮肤病，就带领小獾到温泉里浸泡，以消炎解毒，直到治愈为止。熊受到外伤后，会用松脂涂抹伤口。

欧椋鸟为了注射"蚁酸针剂"以防治关节炎，竟创造了一种"激射法"——它用翅膀震动，激起白蚁群的愤怒攻击，当白蚁向它无情地喷射蚁酸时，免费注射"预防针"的计划便实现了。

女生态学家霍利·布达林研究发现，一些怀孕的母象会寻找一些作用特殊的植物当药吃。她曾对肯尼亚的一头母象的日常生活进行了近一年的观察，结果发现，这头母象从不改变其生活习惯，每天走5千米寻找同一植物吃。可是有一天，它竟走了28千米，停在一株紫草科小树边，把所有的枝叶都吃光。返回住地的第二天，这头母象顺利地产下了一头可爱的小象。

　　动物学家认为，动物的这种"自诊自疗"，既是动物适应环境、求生存的一种本能，也是它们在几百万年的进化中逐渐积累的一种智慧。英国科学家哈里森发现，动物的"父母"在教子女"捕食避敌"等生存能力时，还巧妙地教它们如何治病除疾。他认为，人类可以从它们的这种奇特的自我医治与保健中受到启发，成为仿生学的一个新领域。

动物园里的狮、虎、熊、豹
白天为什么要睡觉

　　狮、虎、熊、豹是动物园里的常见动物。狮子是产于非洲的一种大型猛兽，成年的雄狮头颈部生有长长的鬣毛，被覆在颈部两侧，显得威风凛凛。狮子因性情凶猛，体大力强，吼声如雷，所以号称"兽中之王"，在野外它们常捕食各种草食兽，如羚羊、野羊等，有时斑马、长颈鹿也是它们的猎食对象。非洲狮是比较容易繁殖的动物，所以在我国各地动物园里都有饲养。虎、豹、熊遍布于我国广大地区，南北各省都有它们的足迹。产于东北地区的称东北虎，产于南方各省的叫华南虎。前者体大雄壮，毛色较淡，是我国的一种特产动物；而华南虎体形较小，毛色也深，不如东北虎珍贵。豹和熊则是我国普通的动物。

　　狮、虎、熊、豹它们各有不同的个性，非洲狮不会游泳，也不会爬树，但能在非洲的原野上飞速奔跑，喜欢成群活动。虎会游水但不会爬树，性情孤僻。豹机警灵活，善于跳跃，既会游水，又能爬树，性情暴躁、凶野，不易驯服。熊则行动笨拙，有一股儿傻劲，别看它体胖似猪，却有一套下水和上树的本领。它们的生活习性虽然有不同之处，但也有共同的特点：食肉、凶猛、夜行性，在动物分类学上都是属于哺乳类食肉目的动物。在野外，除了熊以植物性食物为主食外，其他的都是以肉食为主，专门捕食各种草食兽，如鹿、野羊、麂等都是它们的猎食对象，有时还侵袭家畜。它们的活动规律，一般都是昼伏夜出，最活跃的时间是在清晨与傍晚，晚上行动谨慎，白天多半栖息在山洞或荒野的密林中。在动物园里生活了多年的狮、虎、熊、豹，在人为饲养条件下，它们原有的生活规律，有的正在逐步改变，原先在野外它们是吃活食的，动物园里就不给活食。北方的熊在野外有冬眠的习惯，到动物园后逐渐不冬眠了。但是，有的生活规律就不易改变，如它们白天活动时间少，休息时间较多，而晚上活动时间较多，仍然保持着夜行性动物的特点。

到动物园去参观的人们，总希望能看到狮、虎、熊、豹生龙活虎般的姿态。可是，白天它们大部分时间是蜷伏向隅，或是抱头大睡，很少活动，恰和观众的希望相矛盾。

有人问，在白天什么时候参观这些夜行性动物最合适呢？让我们看看它们的活动规律吧。它们在白天不是终日酣睡的。一般在上午 10 点钟喂料之前很活跃，下午 4~5 点钟以后活动也较多，一旦吃饱以后，在中午前后的一段时间里休息就较多了。如果你要仔细观看的话，可以选择在这些时间去欣赏它们的各种姿态。

动　物

猴王是怎样产生的

　　动物园的猴山，每天吸引着无数的观众，尤其是小猴子，活泼可爱，顽皮好逗，爬铁索，荡秋千，转风车，照镜子，跳水游泳，攀山跳跃，追逐嬉戏，动作有趣，令人发笑，博得大家的喜爱。这种猴子就是普通的猕猴，也称广西猴。

　　广西猴是群居生活的动物，野外常几十头至几百头集群活动。群猴中有一头身强力壮的公猴充当"猴王"，带领大家一起活动。在动物园里，猴群中也有一头猴王，只要你仔细观看，就可发现哪一头是猴王。猴王都是雄的，体格强壮，毛色洁净发光，目光炯炯，精神抖擞，常常登上猴山的顶峰，趾高气扬，显得威风凛凛。

　　那么，猴王是怎样产生的呢？是打出来的，强者为王。广西猴过着群栖性家族生活，一旦这个家族形成，就不允许有外来的猴子混入。研究人员曾经做过多次试验，将新猴放到原来的猴群中去，都会遭到残杀，群猴在猴王带领下，主动出击，联合攻打新猴，连抓带咬，可将新猴中的雄猴置于死地。如果是母猴和小猴，一经挨打，吓得躲藏起来，嘴唇"嘟嘟"地噘起，身体哆嗦，仿佛求饶的样子，这样才能免遭一顿毒打。但是，新进的猴子开始几天过的生活不自由，吃食时要察看动静，必须等待猴群吃完了，才偷偷摸摸地去捡一点残剩的食物来吃，游客扔进的东西也不敢去接食。这样生活一段时间后，才渐渐地融洽、平等相处。

　　如果将猴王擒出，隔离饲养一段时间，在猴群中又会产生一个新的猴王。如再将原来的猴王放进猴群，新老猴王之间必要争斗一番，往往是新猴王取胜的。

蝴蝶为什么喜欢大聚会

每年春暖花开时节，我们都可以看到三三两两的蝴蝶在空中飞舞，可是你见过美丽的"蝶泉"和"蝶雪"景观吗？

在我国云南大理，每年农历四月，这里的蝴蝶泉旁边有一棵大树，上面鲜花怒放，花的样子就像一只只翩翩飞舞的蝴蝶，这些花儿招引了成千上万只蝴蝶，它们相互衔着尾巴，吊在树枝上，垂下一条长长的蝴蝶"链"，几乎和水面相接，煞是有趣，这就是著名的"蝶泉景观"。至于"蝶雪"，则发生在我国神农架旅游区的拜台沟。每年夏季，这里会云集几十万只白蝴蝶，纷纷扬扬，像漫天的鹅毛大雪，因此而得名。

那么，蝴蝶为什么喜欢"大聚会"呢？

原来，蝴蝶聚会并不是在凑热闹。雌蝶在性成熟期能分泌出一种性引诱素的挥发性物质，只需千分之一克，就足以引来方圆几里之内的无数只雄蝶前来"约会"，就出现了上面的景象。

不仅如此，蝴蝶还会随着季节的变化成群地迁飞，漂洋过海、长途跋涉呢！美洲的大斑蝶，在每年冬天来临之前，就纷纷结群从寒冷的加拿大出发，飞到墨西哥的马德雷山区过冬。第二年春天，它们又成群结队，浩浩荡荡地飞回原地。

蝴蝶为什么要迁飞呢？它们飞行的路途那么遥远，难道不感到疲倦吗？这一系列的问题，促使昆虫学家们对蝴蝶进行了深入的研究，并且取得了一定的成果。其中有些昆虫学家认为：当时的不良环境条件可能会引起蝴蝶的大量迁飞，如食物缺乏、天气干旱、繁殖过剩、过分拥挤等现象。另有一些人认为：某些环境的变化，会影响蝴蝶的个体发育，致使它发育成为一种迁飞型的成虫。

　　然而，如此小的蝴蝶，竟能飞越崇山峻岭、长途跋涉，它们靠的是什么力量呢？有人认为，蝴蝶迁飞时使用了一种"喷气发动机原理"，既先进又节能。它们能巧妙地利用自己翅膀的张合，使前面一对翅膀形成一个空气收集器，后面一对翅膀形成一个漏斗状的喷气通道。蝴蝶每次扇动翅膀时，喷气通道的大小，进气口与出气口的形状和长度，以及收缩程度都有序地变化着。两翅间的空气由于翅膀连续不断地扇动而被从前向后挤压出去，形成一股喷气气流。一部分喷气气流的能量用以维持飞行的高度，另一部分喷气气流所产生的水平推力则用来加速。蝴蝶正是应用这个原理来完成远距离迁飞的！

　　对于蝴蝶能够按原路飞回原地，这是由于蝴蝶本身就具有一种天然的"导航仪"，它能使蝴蝶保持正确的飞行方向。科学家还发现，蝴蝶还会靠太阳导航，它的飞行方向随着太阳方位角的变化而变化，这种变化是由体内的生物钟来调节的。

鸟类停在树枝上睡觉，为什么不会摔下来

一般栖息在树上的鸟类，都有在树枝上睡觉而不会摔下来的本领。这是什么道理？

原来，树栖鸟类的趾的构造，生长得非常适于抓住树枝。如果详细观察鸟栖息在树枝上的姿势，可以知道，它落在树枝上以后，就弯曲胫跗骨和跗骨，蹲伏在树枝上。这时，它身体重量的压力都集中在跗骨上，跗骨后面的韧带被拉紧，同时也拉紧了趾骨上的弯曲韧带，趾便弯曲而紧紧抓住树枝。因此，鸟栖息在树枝上，即使是睡觉，它的趾也会因身体的重压而紧紧地抓住树枝。如果直立起来，趾的尖端就会伸展开。此外，由于鸟的脑比爬行动物的脑发达，它的大脑半球虽无皱纹，可是比较起来却增大了不少。小脑蚓部最为发达，视叶也很大，不单是适应飞翔生活，也善于调节运动和视觉，能够很好地保持身体平衡。鸟所以能栖息在树枝上，这也是保持稳定而不坠落的重要的原因之一。

森林动物为什么不能在草原生活

　　生活在森林中的动物，它们把森林作为隐蔽场所和栖息地。森林为它们提供了各种各样的可口食物，它们为能在森林中长期定居下来，也各自练就了一套巧妙的适应本领。森林动物一般多具有缠绕性的尾巴，锐利的爪，能握树枝的对趾型的脚等。例如，啄木鸟经常在树上攀援、啄食，在树洞里产卵、抱窝、使幼鸟免遭侵害。长臂猿的两臂长而有力，惯于在树上"行走"，由一棵树悬跃到另一棵树上如履平地。而树懒则是树栖生活的典型动物，它常年用爪把自己倒挂在树枝上，从不下地。

　　生活在草原上的动物，情形则完全不同。它们有的会掘土打洞，有的善于奔跑，它们具有与草原环境相适应的本领。草原上的羚羊、野马等都是赛跑的好手，它们的幼崽，落地后很快就能站立，稍许便可随双亲奔跑。而鹌鹑等鸟类虽然没有森林和树洞保护它们，但它们刚出蛋壳就已羽翼丰满，几个小时后，就能逃避来自地面的侵袭，而飞向天空。

　　由此可见，森林动物和草原动物因不同的生活环境，形成了各自不同的适应本领。草原动物不具备森林动物的本领；而森林动物在草原上也是"英雄无用武之地"。显然，森林动物移居草原是无法生存的。

为什么古猿能变成人，而现代的类人猿却不会变成人

　　人是古猿的后裔，目前已被大家所接受。人类是怎样产生的问题，也已得到解决。首先，人是智慧劳动的产物。智慧劳动和本能劳动，是有很大区别的。例如，蜘蛛的结网，鸟类的筑巢，尽管它们劳动程序是严正系统的，劳动成果也是精巧惊人的，但是细心考究，总难免露出千篇一律、递代不变的表现。这种劳动方式基本上没能解脱遗传性的控制，因而称为"本能的劳动"。

　　人类的劳动，当然不是这种样子。如人造的房屋，虽都是门窗户壁的混合物，但房子的造法是各有千秋。同时，人类为了建造房屋，还不知制造出多少工具。劳动的方式方法，也总是日新月异，简直找不出什么遗传性的影子和痕迹，完全是创造者智慧的结晶。因此，人类的一切劳动，就称为"智慧的劳动"。

　　智慧劳动使人类的手和脚走上了分工分化的道路。脚掌上4个支点的诞生，就完全改变了前肢支撑体重的任务。手脚分工劳动的磨炼，不可避免地会改变着大脑皮质的发展。双方互相助长的结果，就使现代人的脑量，比古猿的脑量增长了2～3倍。

　　根据古生物学家发掘到的资料证明，原始人的生活基本就是社会性的，是共同捕捞、共同狩猎，互相合作、互相学习的，早就走上了家族合作、集体劳动的道路。

　　正因为人类这种集体劳动的方式，并充分地运用着群众的智慧，就创造出人类的语言和文字。所以说：劳动创造了人，语言文字进一步发展了人。

今天的类人猿也是古猿分化出来的一支，是人类祖先的孪生兄弟。它们虽也有了超越一般动物的智慧，有了利用工具的本领，但是它们的劳动，却尚未脱离本能劳动的范围。同时，它们也不会制造劳动工具。它们的手脚，虽也具有了初步分工的倾向；但是真正的手脚分化，也尚未实现。脑所经受的磨练与考验也是大为不足，它们全部脑系的重量不到人类的二分之一。

另外，类人猿又是过着小家族的独立生活方式。从它们找到自己的配偶那天起，就和自己的父母分开，在森林里另外找块生活区。社会生活对它们来讲，直到今天仍是格格不入。至于积累经验，交流生活劳动的成就，更是从未有过的事。因为生活方式的差别，所以，今天的类人猿将来也是不会变成人的。

为什么海豚会救人

　　海豚是海洋中聪明、善良、神奇、极富情趣且对人类十分友好的海生哺乳动物。它很早就与人类结下了不解之缘，并且为人类做过不少好事，其中尤以海洋中救助遇难的人而使人感动。为此人们亲切地称其为"海上救生员"。

　　海豚救人是有意识的吗？当然不是。那么是什么原因呢？科学家通过对海豚的生活习性进行仔细观察后，基本上揭开了这个谜。

　　海豚属哺乳动物，是用肺呼吸的，因而它在水里游一阵以后，就必须浮出水面呼吸。雌海豚为了让刚出生的小海豚顺利地第一次呼吸，总是让小海豚的头最后出来。待小海豚的头部刚露出一瞬间，雌海豚便将身体往上一翘，从而使小海豚正好露出水面，顺利地呼吸到第一口空气。这样小海豚再沉下水，也不会淹死了。

　　有时小海豚的出生会不顺利，头部不能及时露出水面，这时海豚就用吻部将小海豚轻轻托起，使其露出水面，直到小海豚能自己呼吸为止。久而久之，海豚就养成了一种习惯，凡是停在水面不太动的物体，如木头、汽垫甚至快要死的鲨，它都会用吻部去推，或用牙齿去轻轻咬。要是有人落水，或是有海豚受了伤，它们同样也会这样做。实际上，这只是海豚的一种本能的表现。

动 物

为什么美洲狮不是真正的狮子

在上海自然博物馆的哺乳动物陈列厅里，栩栩如生的狮子标本吸引了广大中小学生。这里有两种狮子：一种是非洲狮；另一种是美洲狮。观众在参观以后常常说：世界上有两种狮子，一种大的叫非洲狮，另一种小的是美洲狮，两者很相似，好像一对"狮兄弟"。

实际上，世界上只有一种狮子，现在主要产于非洲。平时我们说的狮子，就是非洲狮。因为世界上只有一种狮子，所以叫"狮"比"非洲狮"更为妥当，否则会使人误认为除了非洲狮以外，还有第二种狮子了。

美洲狮不是真正的狮子，而是一种冒牌的狮子。只是因为它的外貌像雌狮子，生活在南美洲和北美洲，所以得名"美洲狮"。再说，从动物分类学上来看，虽然这两种猛兽都属于食肉目中猫科动物，但是美洲狮是猫属中的成员，外貌更像猫；只是它个儿大，与野猫、家猫是一类，所以又叫它"山猫"。而非洲产的狮子，是豹属中的成员，与老虎、豹子等是一类。

除此以外，美洲狮与狮子还有许多不同的地方。美洲狮虽然是猫属中的最大成员，但比起狮子来却是"小弟弟"了。成年雄美洲狮的体重在 60～70 千克，而成年雄狮子的体重足有 150～250 千克，相差两倍还多。狮子尾巴端部有长长的毛丛，而美洲狮没有。雄狮子头大脸阔，从头部至颈脖有浓密的鬣毛，看上去十分威武，而雄美洲狮却没有这些特征。狮子栖息在树林稀少的沙地平原，不会爬树，而美洲狮主要生活在森林、草原地区，有"爬树能手"之称。这些区别，也说明了美洲狮不是狮子的近亲兄弟。

为什么说白蚁是世界性的大害虫

　　白蚁是一类隐蔽、群栖的昆虫。它爱吃农作物、皮革、生物尸体及纤维类物质，甚至连图书馆里的书籍也不放过，有时把书吃得体无完肤，使人无法再阅读。白蚁嗜食木材，以木材纤维素为主要营养源。所以木柱、木桩、枕木、坑木，甚至秋千架和树木都成了白蚁的美味佳肴。由于白蚁的破坏，有些房屋、船只和秋千架等木质结构，往往被蛀成像隧道一样的无数洞孔，木材也变得腐朽脆弱，一触即碎，所以时常发生倒塌、沉没和折断等事故。

　　白蚁危害木材的速度惊人，损失重大。中等程度的白蚁群体，只要10天时间，就可以把30立方厘米的木材吃光。在野外建筑70平方米左右的木结构建筑物，只要经过一次大群白蚁筑巢蛀蚀，2~3年就需改建，否则，就有倒塌的危险。当白蚁的群体繁殖扩大以后。雌蚁、雄蚁的老巢可伸延出几十米长的通道，能危及房屋建筑、铁路桥梁和仓库物品。

　　在食物缺乏的时候，白蚁也吃沙粒、水泥、电线、橡胶和塑料制品等，是危害枕木、桥梁、房屋和堤防的大害虫，对农作物和果树林木也有极大危害。由于白蚁的种类多、分布广，对农业、林业、水利工程、房屋建筑、铁路桥梁的危害极大，所以是世界性的大害虫。

动 物

为什么说胡蜂会"报复"

　　胡蜂和黄蜂、马蜂一样,都是群居生活的群类。它那黑黄相间的条纹使人望而生畏,因为它性情凶猛,腹部长有连着毒腺的螫针,若谁招惹了它,便会抖动腹部,举针就刺,胡蜂的刺痛远胜于蜜蜂,能连刺数次。至于胡蜂窝、马蜂窝,更是叫人望而却步,一旦触动了它,就会引起群蜂的严厉"报复",群起而攻之。受害者,轻则伤口红肿、灼痛;重则呕吐、发烧,甚至导致死亡,后果不堪设想。

　　为什么胡蜂会对惊扰者实施"报复"攻击呢?

　　胡蜂、黄蜂和马蜂是群居性的昆虫,通常集体生活在一个巢内。蜂巢不仅是它们的居所,也是它们生儿育女的地方,所以蜂群对它们的巢穴戒备森严,绝不允许"外敌"前来侵扰。当人们有意或无意触动蜂巢时,常被在巢外活动的胡蜂发现并加以攻击。胡蜂在螫刺时,除把蜂毒注入人体,还把具有芳香味的报警信息素遗留在"来犯者"的身上。这种报警信息素不仅能为同巢的蜂群指明攻击的目标,还有"激怒"蜂群的作用。巢内的蜂群受到刺激,就蜂拥而出,追击目标,轮番进攻。即便迅速躲避,也难免遭到蜂群的袭击而被蜇伤。

　　胡蜂在捕食猎物时,所释放的蜂毒会有一定的节制,并能根据捕食对象的大小进行调节,使猎物处于麻醉状态,然后拖回巢内。但在攻击侵扰蜂群或蜂巢的"敌害"时,则会排出最大量的蜂毒。蜂毒的成分很复杂,能引起人体各种反应,如蜇伤灼痛、充血肿胀、血压降低、神经痉挛,甚至组织坏死等。所以遭到蜂群的袭击,要及时医治,以免毒素扩散,造成严重的后果。

胡蜂和马蜂一向不会主动攻击人畜，只有在受到惊扰尤其是触动了蜂巢时，才会激起自卫的本能而进行"报复"。假如遭到蜂群的袭击，应迅速躲避，在奔跑中应突然改变方向或下蹲，这样往往可以逢凶化吉，甩掉蜂群的追击。

为什么乌龟寿命长

乌龟是寿命很长的动物。根据《史记》记载：南方有个老人，用乌龟垫床脚，一垫就是 20 年。老人死后，人们把床移开，那龟还活着，居然还能爬行。另有记载说，有一只乌龟竟活了 3000 年。据报导，我国海南省有一只金钱龟，已经活了 130 年左右，还在海口市人民公园与游人见了面。1972 年，有人从长江中捉到一只大头龟，背甲上刻有"道光 20 年"，活了一百多岁。国外的渔民抓到过一只重 90 千克的海龟，身上长着许多海藻和牡蛎，估计寿命为 700 岁。1737 年，在印度洋小岛上捉到一只象龟，还活在伦敦动物园里。1983 年，在沈阳挖出一只埋藏地下 50 年的木匣，里面有一只活乌龟。

乌龟为什么长寿呢？它们能耐饥、耐旱是一个原因。南美龟一个月只吃几根香蕉就能活命。乌龟的行动慢，新陈代谢也慢。象龟重达 200 ~ 300 千克，爬行缓慢，每小时只爬 100 米。象龟一天要睡上 16 个小时，爬行几步就会打盹，能量的消耗极少。有许多龟在冬夏不吃不动，体温下降，心跳和呼吸减慢，以此来度过不利的环境。另外，龟的甲壳坚固，遇到敌害，头、尾、四肢就缩到壳里，以保护自己。

动 物

鱼为什么睁眼睡觉

　　陆生动物在睡眠时，都要闭上眼睛，将眼睑合上。可是鱼类则不同，它们睡觉时睁着眼睛，人们误认为它们永远都不睡觉呢！

　　其实，鱼类睡觉时不闭眼睛，是因为它们没有眼睑，更谈不上将眼睑拉下或合上。所以，只能睁着圆圆的眼睛，停止游动，只是鳃盖微微开合，继续呼吸。这时，即使有人将手伸到它眼前，它也毫无感觉，根本不会马上逃跑。

　　虽然，鱼都是睁着眼睛睡觉，其睡姿却各不相同、千姿百态。有的横卧在水底，身体侧面向上；有的漂浮在海面，头枕着波涛入睡……

　　一般情况下，鱼类和人类一样，白天活动，黑夜休息。可是，有些鱼却黑白颠倒。海鳗就属于这种情况，白天躲在海底的洞穴里睡大觉，夜间钻出洞穴，四处游弋、觅食，像个"夜猫子"。

　　还有些鱼在睡觉时还要穿上"睡衣"，简直太有意思了！每天黄昏，鹦嘴鱼的皮肤会分泌大量的黏液，将整个身体包裹起来，只是在前后两端各有一个开口，供呼吸所用，这层包裹的黏液就像"睡衣"一样，保护它度过一个美好的夜晚。天一亮，它便伸个"懒腰"，脱去"睡衣"，寻觅食物去了。

　　张牙舞爪的章鱼睡姿更为独特，将8只腕足吸在海底，坐着睡觉。这时不管你如何地大声喊叫，都不会将它惊醒，但只要轻轻触碰一下它的腕足，就会立即跳起来，一溜烟儿地跑走了。原来，它的腕足就像雷达天线一样担任警戒任务，稍有波动，就会有感觉。

　　有些鱼每天只需睡上 2~3 个小时即可，有些鱼则会一觉睡上几个月，或者冬眠，或者夏眠。它们在长眠时不吃不喝，但并不会像陆生动物一样完全处于无意识状态。

可见，鱼类不仅是睁着眼睛睡觉，而且还姿态各异呢！